北欧こじらせ日記

フィンランド起業編

週末北欧部
chika

世界文化社

孤独には、2種類ある。

積極的な孤独
「ソリチュード」と、
消極的な孤独
「ロンリネス」だ。

フィンランドに出会ってから
学んだことのひとつが
「孤独を楽しむ」ことだった。
今日は
ソリチュードを
楽しみたいんだ。
そう言って、
ひとりの時間を
大切にする友達。
時には、
誰かといても自分らしく。
僕は車で寝てるから、
チカは楽しんできて！
ガコンッッ
せっかく
サンタクロース村
まで来たのに…!?

そんなフィンランドの人たちに学びながら私も孤独を楽しんだ。
水辺のコテージをひとりで借りる↓
サウナ♫
サウナ♪
ほか…
自由だ…
こんな幸せもあるんだ…
パチ
パチ
温かい孤独は、私の新しい幸せだった。

フィンランド移住後も、そんなソリチュードを重ねていく…
ピピピ
7:00
アラーム
はずだった。
…
ピッ
むくり…
なんか…憂鬱《ゆううつ》だ…

何か特別なことが
起こったわけじゃない。
だけど少しずつ、
ゆっくりと…
それは、足音も立てず
静かにやってきた
「ロンリネス」の影。
フィンランド移住2年目…
暮らしの慣れの先で
この気持ちは…
何なんだろう…
「新しい孤独」が
私を待ち受けていた。

これまでの歩み

これは、北欧好きをこじらせた私のリアルライフエッセイです。

20歳、はじめてのフィンランド旅で一目惚れ。

新卒で「北欧就活」を経て北欧音楽会社に入社。

しかし会社がなくなることになり、人材会社へ転職。

諦念も込めて「週末北欧部」と名付けたブログを始める。

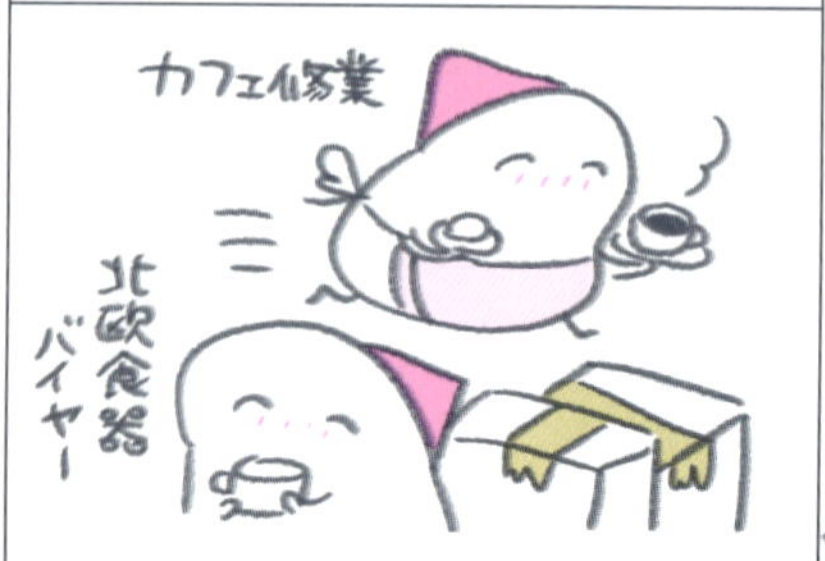

「やりたいこと」を探すため週末は様々な挑戦を続け…

「どうせ苦労するならば、大好きな場所でした方が
苦労対効果が高い!」と思いつき、まさかの大転換!

文系キャリアで語学力も足りない私に合う求人を
探す中で出会った「寿司職人」という道。

31歳、会社員を続けながら寿司学校に入学。
途中、入院中に描き始めた絵日記で作家業がスタート。

東京で3年間の寿司修行と英語学習を続け…

コロナ禍、フィンランドのレストランから内定を貰い…

ついにフィンランドで寿司職人として働き始めた。

まさかのオープン1年目でレストランが倒産!

フィンランドの職安での質問がきっかけで起業を決意。

大切なのは「どこで生きるか」ではなく「どう生きるか」だと
フィンランドの人たちが教えてくれた。

こうして私はフィンランドで個人事業主になった。

もくじ

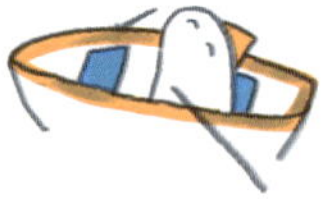

本書は、シリーズ
『北欧こじらせ日記』
『北欧こじらせ日記
移住決定編』
『北欧こじらせ日記
フィンランド1年生編』
に続くお話ですが、
本書からでも
お読みいただける
構成になっています。

※本書に掲載している情報は、2024年10月現在のものです。

一人で働き始めて
しばらく経った頃…
自分でも気づかないうちに
それはやってきた。

1

新しい暮らし

インテリア
自力ではどうしようもなくなり、ずっと豆電球のままだった照明や未完のインテリアを
コ…コーディネート教えてください…！
もちろん！
フィンランドのインテリアアドバイザーさんに相談することにした。
自宅兼ワークオフィスの働き方になったことで、特にデスク周りを中心に
ワークスペースを部屋の隅に配置することで、ベッドとの視覚的距離をとり、集中できるスペースにしましょう！
間取り
心地よい環境づくりへのアドバイスをしてもらった。
デスク照明を追加し、
デスクがウッド素材なのでメタル素材の照明が合うと思いますよ
IKEAのワークランプもいいですね
それにします！

気分の上がるアートパネルをレイアウト。
マリメッコのペーパーナプキンをフォトフレームに入れるだけ！
ふふ…
ウニッコ60周年記念の限定デザインがスキすぎる…！
賃貸の壁に穴をあけないよう、ポスターフレームをデスクに直置きで飾り…
リラックスできるよう、お気に入りの植物たちもその近くに集めた。
こうして、ついに部屋のインテリアが完成！
レイアウトと小物を変えただけなのに…すごく心地よくなった…！
暮らし始めて丸2年…ようやく〝自分の部屋だ〟と思える環境が完成した。

デスク周りのインテリアやツール

私の部屋の間取りは1Kで、リビング・寝室・ワークスペースがまるっと同じ空間に存在している。

その部屋で一人働き始めてしばらく経つと、仕事とプライベートとの境界線も曖昧になっていくのを感じた。そこで私はフィンランドのインテリアデザイナーさんに助けを求め、限りある部屋のスペースの中で、よりメリハリをつけるための配置についてアドバイスを受けた。

アドバイスをもとに、デスクを部屋の角に配置。視覚的にもベッドが目に入らない集中スペースができた。さらにデスクライトもIKEAで購入。デザイナーさんの「デスクライ

トやベッドランプを置くことは、部屋の中に新しい〝意味のある小さなスペース〟を作ることなんですよ」という言葉通り、優しく灯るデスクライトによって「働くための意味のある空間」が部屋の中に作られた気がした。

マリメッコのウニッコ
60周年デザインカラー
すごく好き…！

デスク周りには、お気に入りのArtekのポスターと、マリメッコたち。マリメッコのウニッコは、それぞれポストカードとペーパーナプキンを額縁に入れたもの。これから季節によっても変えたい、お手軽なアートだ。

デスクの上にあるラジオも、大切な仕事仲間。ずっとオフィスやレストランで仕事をしていたからか、人の気配や物音がある空間で仕事をする方が落ち着くので、仕事を始める時にはフィンランド語のラジオをつける。日本語の歌を流してしまうと、つい口ずさんでしまい仕事の手が止まってしまうので、フィンランド語のラジオは仕事のお供としてちょうどいい距離感だ。

自分で何でも解決しようとしたり、抱え込みすぎないように「困ったことがあったら、声に出して助けを求める」。これもフィンランド2年目に自分のコンフォートゾーンから抜け出すための新しい決意のひとつ。プロに相談したおかげで、ずっと豆電球だった部屋の明かりにランプシェードが加わり、移住2年目にしてようやくこのアパートが「自分の部屋」だと思えるようになった。

新しい習慣
フィンランドで暮らし始めてできた、新しい趣味…それは
チカ、来週きのこ狩り行こう!
きのこ狩り!!
今日森に行ったら小さなきのこがもうたくさん見つかって!これから雨が続くし、来週には育ってると思うんだよね…!
行こう!
「きのこ狩り仲間」とは、きのこの季節が来ると情報交換をして森へ行く。
向かうのはヘルシンキから電車とバスで行けるヌークシオ国立公園。
手編みのバスケットかわいいね
ふふ
白樺でできたきのこ用バスケット!

きのこは見分けるのが難しいから、毎年1種類ずつ、わかるきのこを増やすのが目標なんだ
焦らず、ゆっくり
今日も確信が持てるものだけ採ろう！
OK！
さあ！　チカもきのこレーダーを使って！
ビーー
狙いはカンタレッリ！
かもめ食堂にも出てきた黄色いアンズタケ →
レーダー…!!
カンタレッリはフィンランド人にも人気で、見つけると嬉しいきのこ。
じゃ、ここでランチにしようか。
ブルーベリーのパイと、カルダモン入りのコーヒー持ってきたよ
私もおにぎり作ってきたよ！
わ〜
少し取れたね

あ、ちょっと待って…
トッピング!
プチッ
つみたてブルーベリーをパイにのせる
パラリ
天才…!
こんな森での休憩も、
小さな楽しみのひとつだ。
この場所いいね…
教えてくれてありがとう…
でしょ。
いつもここで休憩して、
あの小島まで泳ぐんだよね
小島
…泳ぐ!?
もちろん!!
サッ
タオル
湖畔に行くときは必ず
水着とタオルを持参
するのが習慣になった

水キレー
でしょー
パシャ
パシャ
湖に浮かぶ小さな島で
水面を見ながら過ごす。
そんな夏の終わりの
過ごし方も、
巡る季節のわずかな
合間に光る幸せだ
ちなみに…
来週は
マツタケが
採れるかも…
マツタケ!?
フィンランドの森でも、
マツタケを狙うことができる。
(フィンランドの人たちには
そこまで人気ではない)

日々のルーティン

朝のコーヒー

朝、身支度を整えたらコーヒーを淹れる。2杯分の豆を挽き、ハンドドリップで淹れる。豆を蒸らす45秒の間、忙しなく朝食の準備やメールチェックをしてしまう自分に「この時間くらい、今に集中してみたらどうかな」と言い聞かせる。朝の短い45秒が、自分の生きるスピード感を測る指標にもなっている。

お昼ごはん

ごはんは基本的に自分で作る。前日の残り物を食べることもあれば、簡単なパスタやスープを作ることもある。白米は多めに炊いてタッパーに入れて冷凍保存している。フィンランドのスーパーで売られている「ミルク粥用のお米」が、日本米に近い！ という情報を日本人の友達に聞き、それ以来家で食べるお米は近くのスーパーで買えるようになった。

仕事はじめ

フィンランドのラジオをつけて、キャンドルを灯す。IKEAで買ったティーライトキャンドルひとつが消えるまでの時間は3時間半。その灯りを仕事の前半パートのタイムキーパーにして、1日の時間の中にひとつの区切りを作る。ふと見ると揺れて動く小さな灯りと、時間と共に溶けるキャンドル。そんな「動的な何か」が同じ空間にあると、海辺で波を見る時と同じように、一人で過ごす時間の隙間が心地よく埋まっていく気がする。

仕事終わり

23時でも明るい夏のフィンランドの仕事終わりは、なんだか得した気持ちになる。「今からでも散歩に出てみよう」そんな気持ちにもなり、エコバッグを片手にスーパーへの買い物ついでに近くを散歩する。今が夜であることを忘れる、時が止まったようなこの時間が好きだ。

一方冬は、仕事も半ばの昼過ぎには外は真っ暗。まるで1日が終わってしまったような感覚に陥り「まだ半分も仕事が終わっていないのに…」と、夏とは反対の気持ちになる。

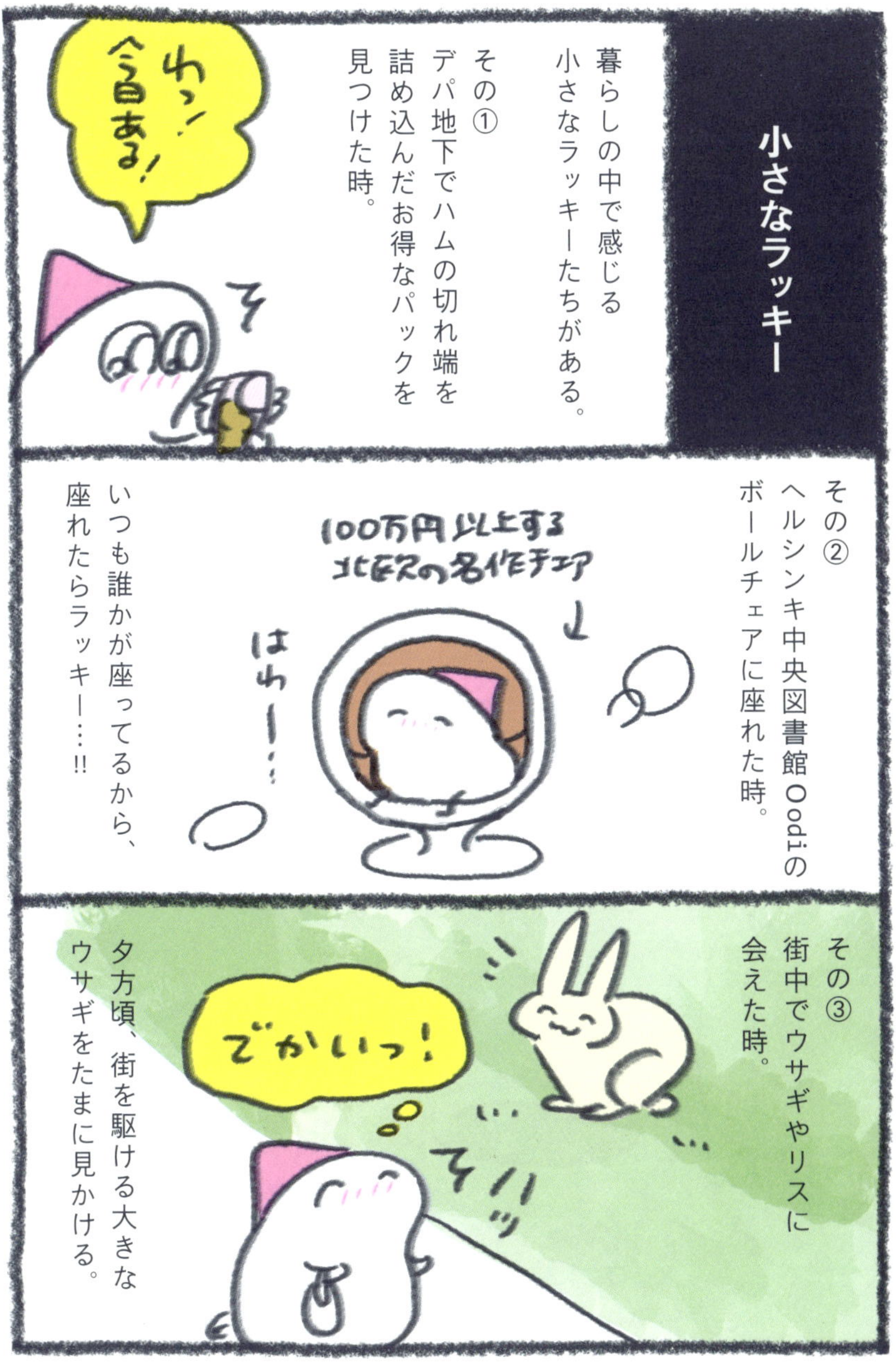
小さなラッキー
暮らしの中で感じる
小さなラッキーたちがある。
その①
デパ地下でハムの切れ端を
詰め込んだお得なパックを
見つけた時。
わっ！今日ある！
その②
ヘルシンキ中央図書館Oodiの
ボールチェアに座れた時。
100万円以上する
北欧の名作チェア
はぁー…
いつも誰かが座ってるから、
座れたらラッキー…!!
その③
街中でウサギやリスに
会えた時。
でかいっ！
夕方頃、街を駆ける大きな
ウサギをたまに見かける。

その④
キレイな空が見れた時。
キレイだ…
夕暮れ時のピンクの空や、月を美しいと思えるペースで生きる、というペースメーカーでもある。
その⑤
戸棚から日本の調味料やおやつが発掘された時。
ホットケーキミックス…あった気がするけど…気のせい…？
ガサ
ガサ
あった！賞味期限少し過ぎてるけど…
暮らしの中の新しいラッキーを日々増やしています。
その⑥
注文したコーヒーにチョコレートがついていた時。
ラッキー！
ラッキーは自家発電もできる…⁉
Fazerの
チョコレート！

2年目、ヘルシンキのお気に入りリスト

春夏秋冬、そして喜怒哀楽の全てをこの街で経験することで、新しいフィンランドの愛し方のレパートリーも増えていく。これは、そんなフィンランド暮らし丸2年を迎えた私が愛してやまない、ヘルシンキの新しいお気に入りリストだ。

行列ができる絶品クロワッサン

Layers Bakery

朝、並んででも食べたい最高のクロワッサン…！カフェラテも美味しい。ラズベリー、レモンなど季節の味が楽しめる。買ったクロワッサンは徒歩圏内の水辺で食べる。

デパ地下の気取らないビストロ

デパート「ストックマン」のデパ地下…魚屋さんの隣にあるビストロのシーフードスープが絶品…！お肉屋さんの肉料理を含むランチコースもあり、カウンター席で一人ビストロランチをするのが頑張った月のご褒美になっている。

Food Market Herkku

駅の中で食べるサーモンスープ

ヘルシンキ中央駅にあるカフェのサーモンスープは具材たっぷりな上、提供スピードもとても速い。友達との待ち合わせにも便利な、生活になじむカフェになっている。

Cafe Eliel

日本食が恋しくなったら

日本食が恋しくなったら、迷わずヘルシンキにある「無印良品」のレストランに行く。

個人的なお気に入りはサーモンの照り焼き…!

とろける北欧サーモンは、人生一番の照り焼き。

店舗内にはフィンランドのローカル製品コーナーもあり、フィンランド土産を選ぶのにも最適な場所だ。

MUJIレストラン

入場無料の遊園地

中心地にある、ヘルシンキの遊園地。

入場料は無料で、乗り物ごとのチケットか、乗り放題1DAYパスを購入する。

園内には野外レストランもあり、友達と「遊園地飲み」をするのも新しい楽しみになった。

Linnanmäki

猫ちゃんに会えるカフェ

11匹の猫ちゃんが心地良さそうにくつろぐカフェ。

メニューとともに猫ちゃんの名前や性格が書かれたプロフィールリストも手渡される。ラテアートや、ボリュームたっぷりのサラダなどメニューも充実。ネットから事前に来店予約して向かう。

Helkatti Cat Cafe

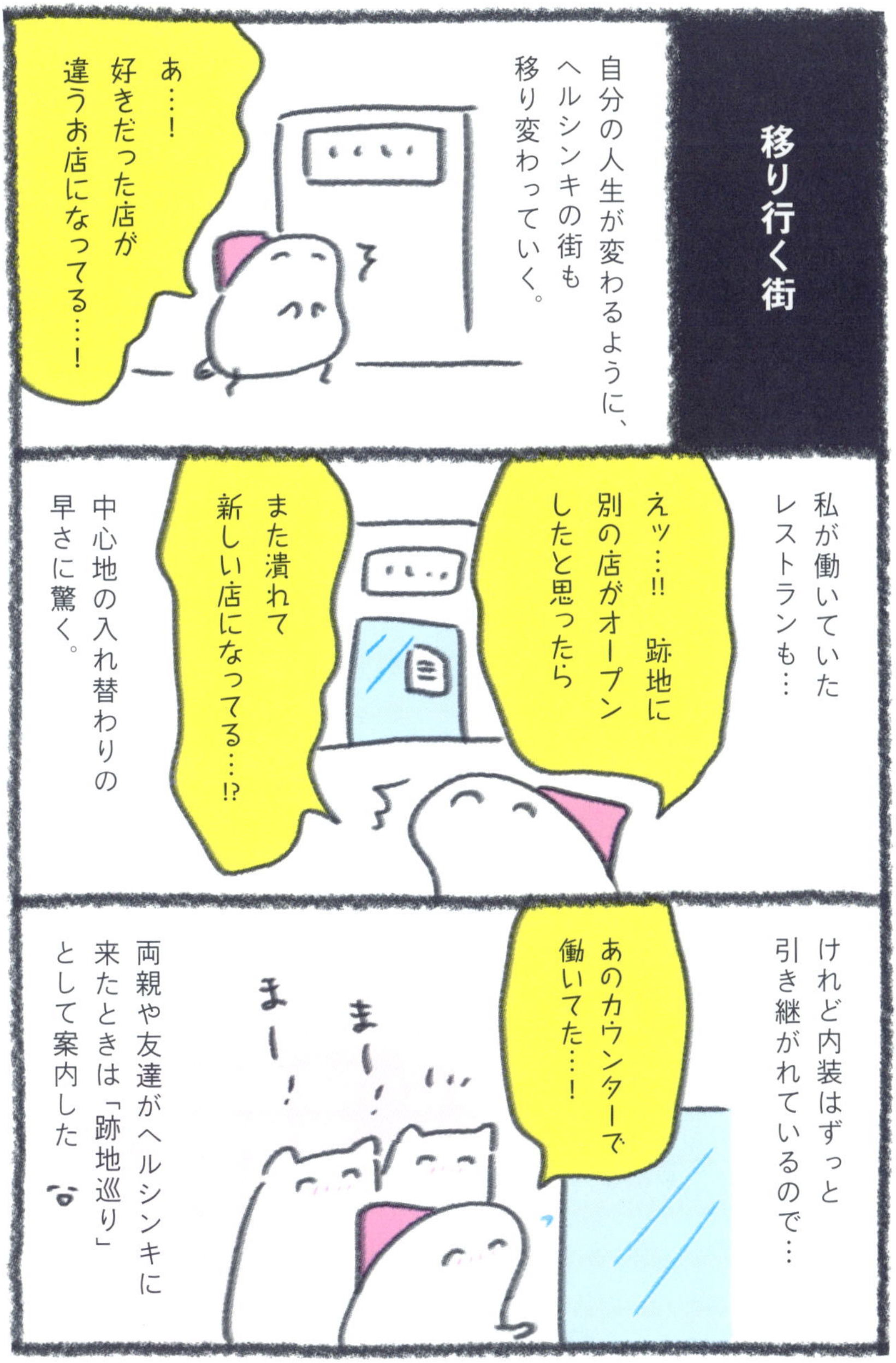
移り行く街
自分の人生が変わるように、ヘルシンキの街も移り変わっていく。
あ…! 好きだった店が違うお店になってる…!
私が働いていたレストランも…
えッ…!! 跡地に別の店がオープンしたと思ったら
また潰れて新しい店になってる…!?
中心地の入れ替わりの早さに驚く。
けれど内装はずっと引き継がれているので…
あのカウンターで働いてた…!
まー!
まー!
両親や友達がヘルシンキに来たときは「跡地巡り」として案内した

生き方の余韻
移住2年目の春…
よいしょ…
私はフィンランドで個人事業主になり
ここかな…?
この部屋の中が私の職場になった。
君は今日から私のワークデスクだ!
…ごはんも君の上で食べる!
しかし…

朝
レストランでの激務を経て「余白がほしい」と願ったはずなのに…
カリリリ
昼
カタタタタッ
夜
カリリリ
メリハリの無さ…

チカ、来月初め遠出しない？
あ～…その週はムリかも…！
今年こそ1カ月休み作るって言ってなかったっけ？
そう…なんだけど…
走り続けた先で、今までの生き方の余韻が残る中、
休みの作り方がわからなくなっちゃった…
へ!?
私の新しい暮らし作りが再び始まる。

小さな試練
人生で初めて
会社に属さずに
異国で働き始めて出会う…
細かな、だけどたくさんの
小さな試練たち。
カコン
最初は税務署の
手紙から始まった…
へっ…!?
ん
支払い期日を過ぎています。すぐにサイトを確認して支払って下さい。
税
税や数字に
アレルギーのある私は、
とにかくおののいた…。
こッ…こわッ…
何これ
知らない!!
こわい!!!
叫ぶヒマがあったら調べようね。

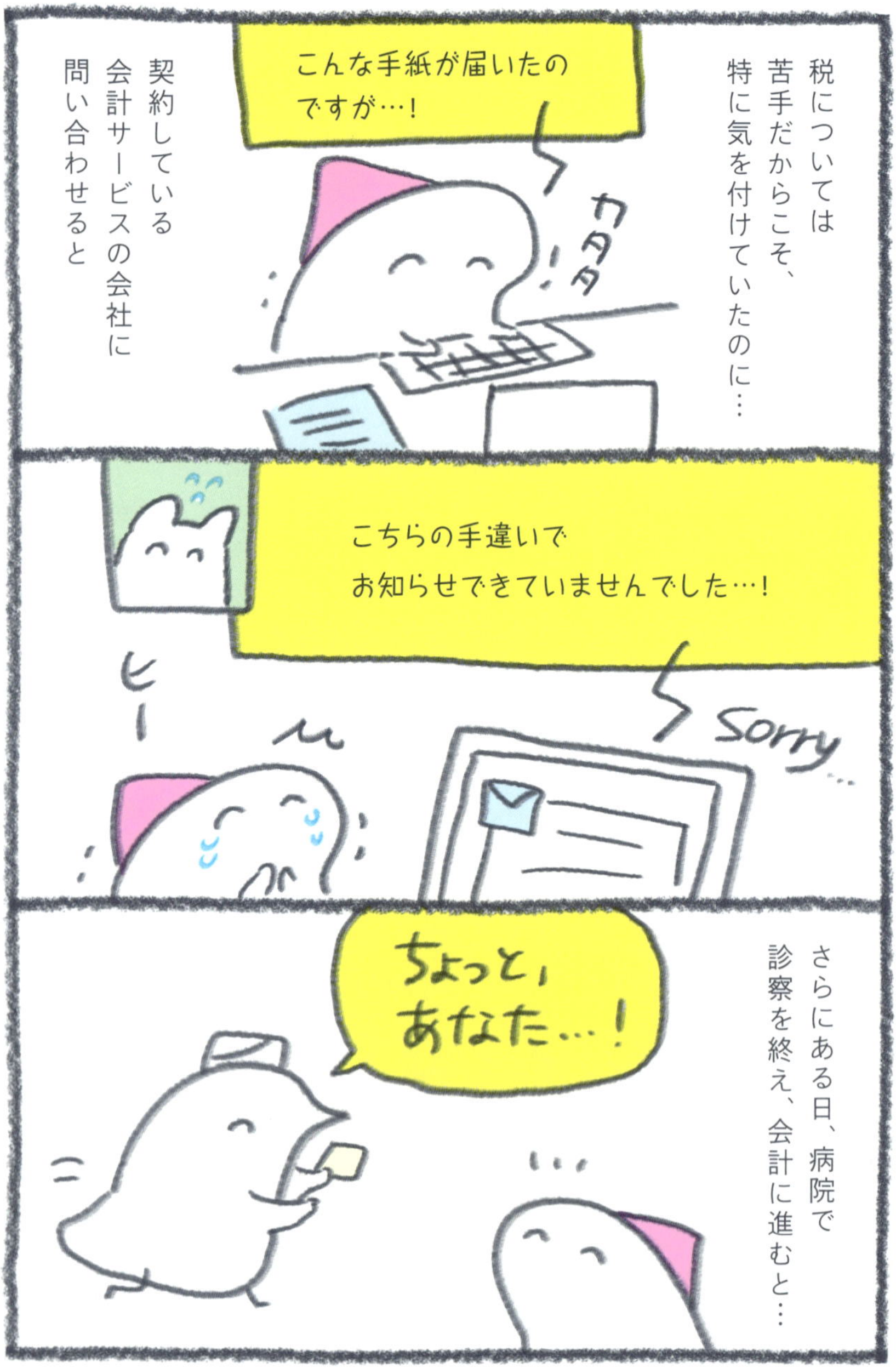

税については苦手だからこそ、特に気を付けていたのに…
こんな手紙が届いたのですが…!
カタタ
契約している会計サービスの会社に問い合わせると
こちらの手違いでお知らせできていませんでした…!
Sorry…
ヒー
さらにある日、病院で診察を終え、会計に進むと…
ちょっと、あなた…!

あなたの国民健康保険カード、
期限が切れていますよ
ヘッ!?
こ…これ…
ビザが延長されたら
自動的に更新されるもの
じゃなかったんだ!
私はビザの種類を変えたので、
WEBから自分で申請が
必要だった。
わななな
私…自分が何を
わかってないのかすら、
わかってない…。
どれも自分の人生に
関わることなのに…
ほろ

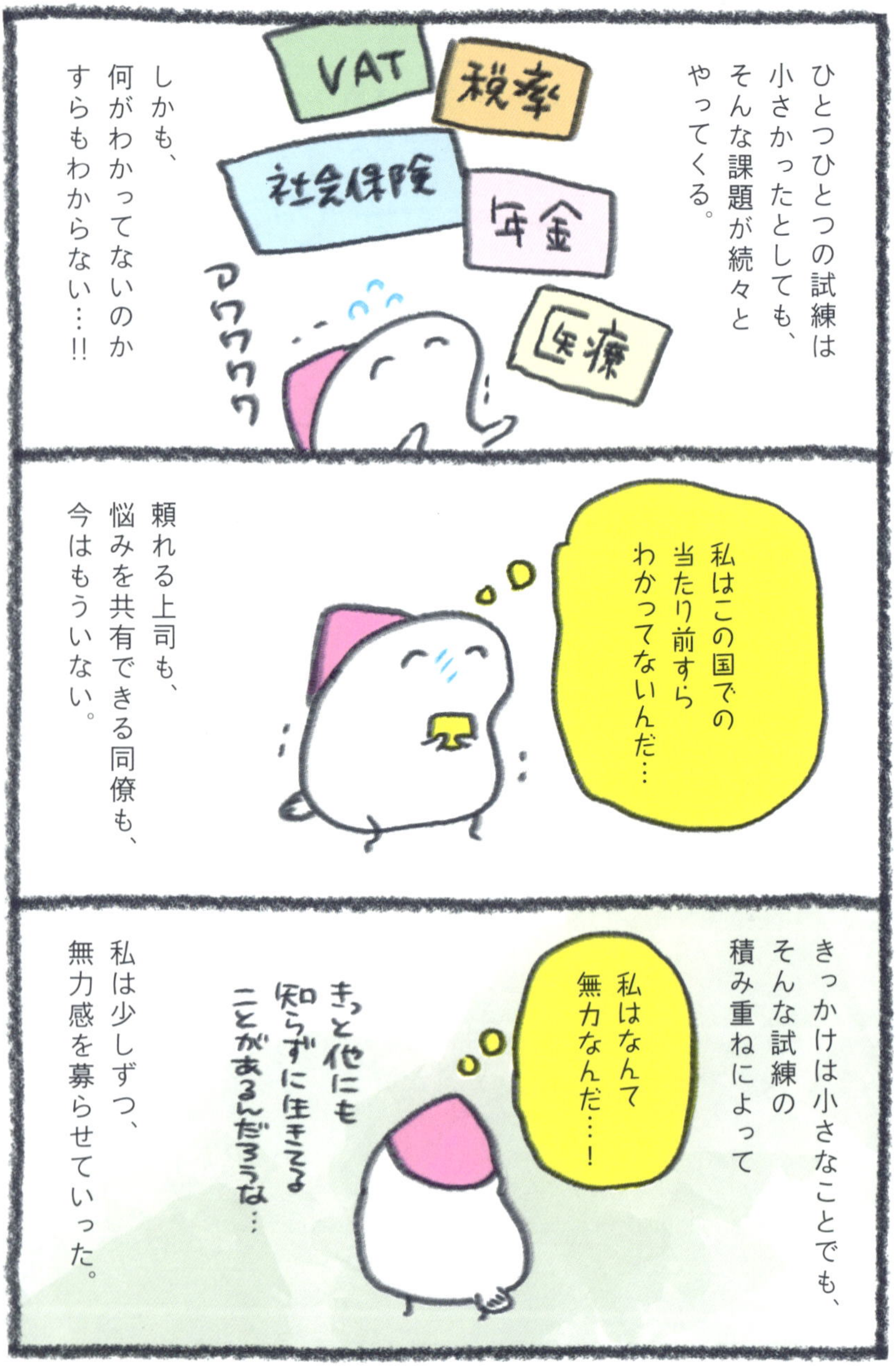
ひとつひとつの試練は
小さかったとしても、
そんな課題が続々と
やってくる。
VAT
税率
社会保険
年金
医療
アワワワワ
しかも、
何がわかってないのか
すらもわからない…!!
私はこの国での
当たり前すら
わかってないんだ…
頼れる上司も、
悩みを共有できる同僚も、
今はもういない。
きっかけは小さなことでも、
そんな試練の
積み重ねによって
私はなんて
無力なんだ…!
きっと他にも
知らずに生きてる
ことがあるんだろうな…
私は少しずつ、
無力感を募らせていった。

グレーな憂鬱《ゆううつ》
一人で働き始めて
しばらく経った頃…
ピピピピ
もぞり
自分でも気づかないうちに
それはやってきた。
なんか…
ずっと憂鬱だ…
ムクリ
何か大きな出来事が
あったわけではない。
コポポポ…
ただ、淡々と…
淡々すぎるほど淡々と
日々を過ごす。

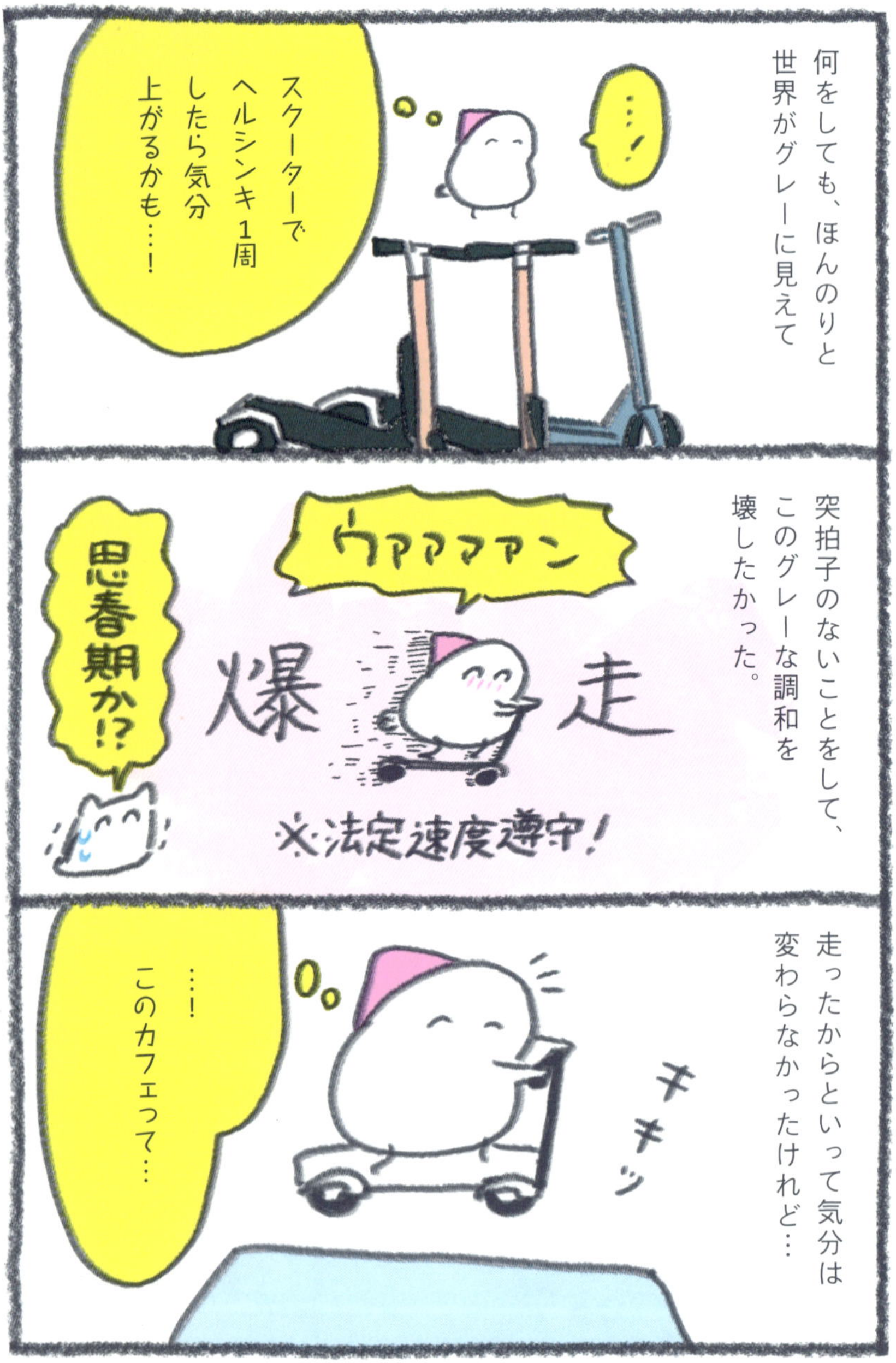
何をしても、ほんのりと
世界がグレーに見えて
…!
スクーターでヘルシンキ1周したら気分上がるかも…!
突拍子のないことをして、
このグレーな調和を
壊したかった。
ウァァァァアン
爆走
※法定速度遵守!
思春期か!?
走ったからといって気分は
変わらなかったけれど…
キキッ
…!
このカフェって…

あのカフェだ…！
URSULA
サイクリングロードを走り、
偶然辿り着いたのは
「カフェ・ウルスラ」。
映画『かもめ食堂』で
主人公たちが夏の
ひとときを楽しんでいた
海辺のカフェだった。
こ…ここに
あったんだ…！
歩くには遠くて、今まで
一度も来たことがなかった。
うわ〜〜ッ
おいしそ〜〜…！
かもめの
ポスターだぁ
CAFÉ-RESTAURANT
URSULA
すっかり観光モードで
小エビのオープンサンドを
注文しテラス席へ。

映画の中で主人公たちが
座っていたテラス席。
そこには友達や飼い犬と
時を過ごす人々。
みんな…映画の中
みたいに楽しそう
はむりっ
だけど私は
孤独だな…
……！
孤独…？
ふと頭に浮かんだ
その言葉が、理由のなかった
グレーのピースにぴたりと
当てはまるのを感じた。
こっ…孤独…!?
ハアアアッ
私…
孤独だったんだ…!?
原因がわかれば、
手当てができる。
それは、嬉しい発見だった。

孤独の種類
人生の悩みには様々なカテゴリーがある。
文化面
経済面
学習面
法律面
etc…
キャリア面
健康面
人間関係面
生活環境面
自分が全く知らない領域についての悩みを相談されると、
今組んでるシステムが…
???
応えられない申し訳なさを感じてしまうことがある。
だから私も、誰か一人に無力感を背負わせないために、
△△に詳しいのは〇〇さんだから、
この件を〇〇さんに相談しよう…
内容に合わせて相談先を分散させるようにしてきた。

しかし今回、その副作用が生まれてしまった。
私の今の状況を相談できそうな人が周りにいない…
聞いても困らせてしまうだけだから自分で解決しなきゃ…
周りには友達や元同僚など支えがあるはずなのに
聞いても知らないだろうし…
伝えて解決するものでもないし…
知らない自分が悪いんだし…
長期にわたって一人で抱え込んだ結果…
圧倒的孤独感…!!!
ワアアアン
この様に孤独感を抱えることになってしまった。

今までは周りに同じ
境遇の人が「当たり前」に
存在していたから
気づかなかった…
同僚って…
尊いものです…!!
一人になって実感した、
今までの「当たり前」への
感謝…!
だけど、グレーな憂鬱の
理由がわかれば、
あとは対処するのみだ。
今、仕事面の
仲間がいないなら…
ヨシ!
今から
探せばいいんだ!!
自分を支えてくれていた、
多方面の人生相談者。
あ…そういえば
ヘルシンキ市の
アドバイザーさんが
いるじゃないか…!
カタタタッ
「彼らの不在」への気づきも
また、新しい出会いへの
入り口になった。

［キャリアのはなし①］ 3つの相談領域

悩みの相談先には3つの領域がある（下記イラスト参照）。こうして分けると、自分がどの領域にどんな相談をしているかが明確になる。一般的に女性の場合は「インフォーマル」に相談することが多く、男性はそもそも「相談しない」という選択を取る人も多いそうだ。

これまでの私の場合、人間関係の悩みはインフォーマル、キャリアの悩みは中間領域に相談することが多かったけれど、住む場所と働く環境が変わったことで、特にキャリアの悩みを相談できる領域を失ってしまっていた。けれど、それが「新しい中間領域（コミュニティを探そう！）」や「フォーマル（ヘルシンキ市のアドバイザーさんに聞こう！）」と、新しい領域に目を向けるきっかけにもなった。

今まであまりに自然に身近な相談先が存在したことで、試すことがなかった「新しい相談先の開拓」。そんな可能性が人生の選択肢のひとつとして存在することを知れたことは、今後どこで生きる上でも大切なヒントになるかもしれない。

インフォーマル
身近な人やメディアなど、非専門的なサポート領域。
家族、友人、SNS、ブログなど。

中間領域
同僚や同じ悩みを持つコミュニティなど、半専門的なサポート領域。
自助グループ、同僚、特定の興味を共有するオンラインコミュニティなど。

フォーマル
公的機関や民間サービスが提供するサポートを受ける領域。
カウンセラー、医療機関、公的支援機関、民間ホットラインなど。

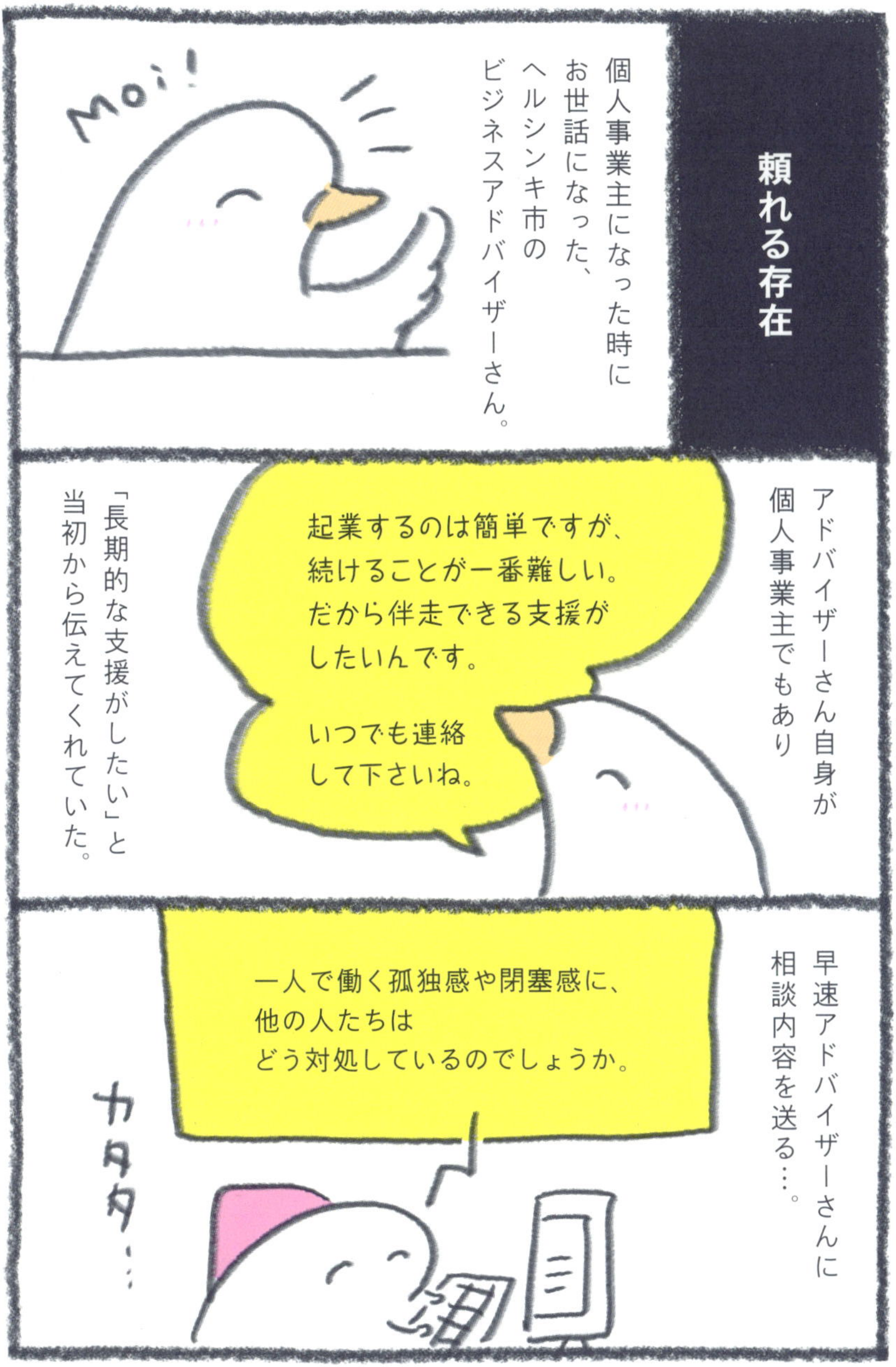
頼れる存在
個人事業主になった時にお世話になった、ヘルシンキ市のビジネスアドバイザーさん。

Moi!

アドバイザーさん自身が個人事業主でもあり
起業するのは簡単ですが、続けることが一番難しい。だから伴走できる支援がしたいんです。

いつでも連絡して下さいね。

「長期的な支援がしたい」と当初から伝えてくれていた。

早速アドバイザーさんに相談内容を送る…。

一人で働く孤独感や閉塞感に、他の人たちはどう対処しているのでしょうか。

カタタ…

すると翌日…
わっ！
もう返事が来た…！
ピコン
それは誰もが経験することです。
私からのアドバイスは…
同じ悩みを共有できる
コミュニティを持つことです
私の知っている団体をいくつか紹介します。
イベントもあるので参加してみるのもいいと思いますよ
わ…！

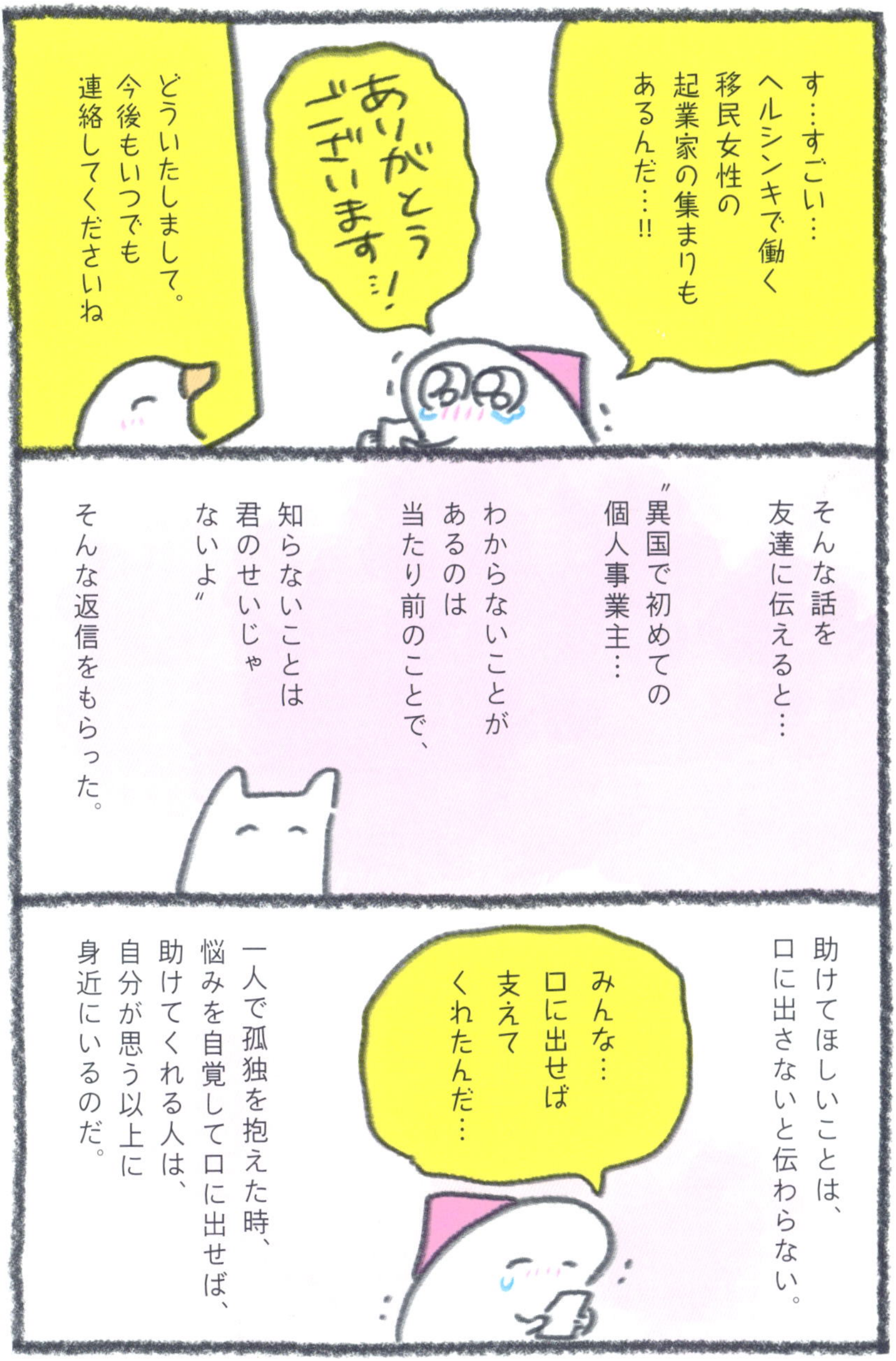
す…すごい…ヘルシンキで働く移民女性の起業家の集まりもあるんだ…!!

ありがとうございます…!

どういたしまして。今後もいつでも連絡してくださいね
そんな話を友達に伝えると…

〝異国で初めての個人事業主…

わからないことがあるのは当たり前のことで、
知らないことは君のせいじゃないよ〟

そんな返信をもらった。

助けてほしいことは、口に出さないと伝わらない。

みんな…口に出せば支えてくれたんだ…

一人で孤独を抱えた時、悩みを自覚して口に出せば、助けてくれる人は、自分が思う以上に身近にいるのだ。

シェアオフィスでの過ごし方

在宅勤務のメリハリに悩んでいた頃に出会ったシェアオフィスがある。ヘルシンキの閑静なエリアに位置するMOW（モウ）は、観光客も1日30ユーロで利用ができる（回数券やマンスリーチケットだと割引もある）。オフィスで働く人たちの姿を見ると、まるで「架空の同僚」ができたようで嬉しい。さらにオフィスの利用は8時から17時までというホワイトな営業時間も良い。17時前になると次々と帰っていく「架空の同僚たち」を見習って「私も今日は一区切りつけて、また明日頑張ろう！」と、席を立って街に出る。

できたてのポップコーン

フィンランド移住後、なぜか急にポップコーンブームが自分の中にやってきた。そんな時に見つけたMOWのサイトには「ポップコーンが食べ放題です」の文字。いくつかのシェアオフィスと迷っていた私にとって、決め手になった一言だった。

北欧マグでスペシャリティコーヒー

利用者は自由にコーヒーマシンで淹れたてのスペシャリティコーヒーを飲むことができ、マグカップもマリメッコやイッタラなど北欧デザインのマグから好きなものをチョイスできる。カフェで1日作業をしてコーヒーを数杯頼むことを考えると、シェアオフィスの利用も悪くない。コーヒー以外にもいろんな種類の茶葉も用意されている。

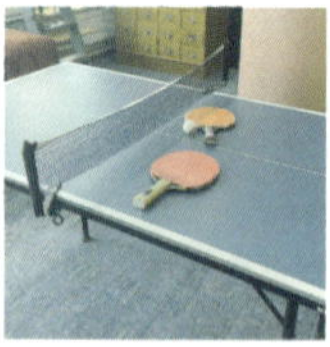

利用者向けのイベント

定期的に利用者向けのイベントが開催されている。朝ヨガ、クリスマスパーティーに、子供向けイベントや毎週開催される仕事終わりのアフターパーティーもある。こうしたシェアオフィスでもコミュニティの輪を広げることが可能だ。

スタンディングデスクやシェアキッチン

このデスクのために通っていると言っても過言ではない、電動スタンディングデスク…！　ずっと座りっぱなしではなく、適度に立ちながら仕事をするのもリフレッシュになっている。その他にも、シェアキッチンやミーティング用の防音スペース、コピー機にボードゲームまで、一人でも仲間とでも働ける環境が整っている。

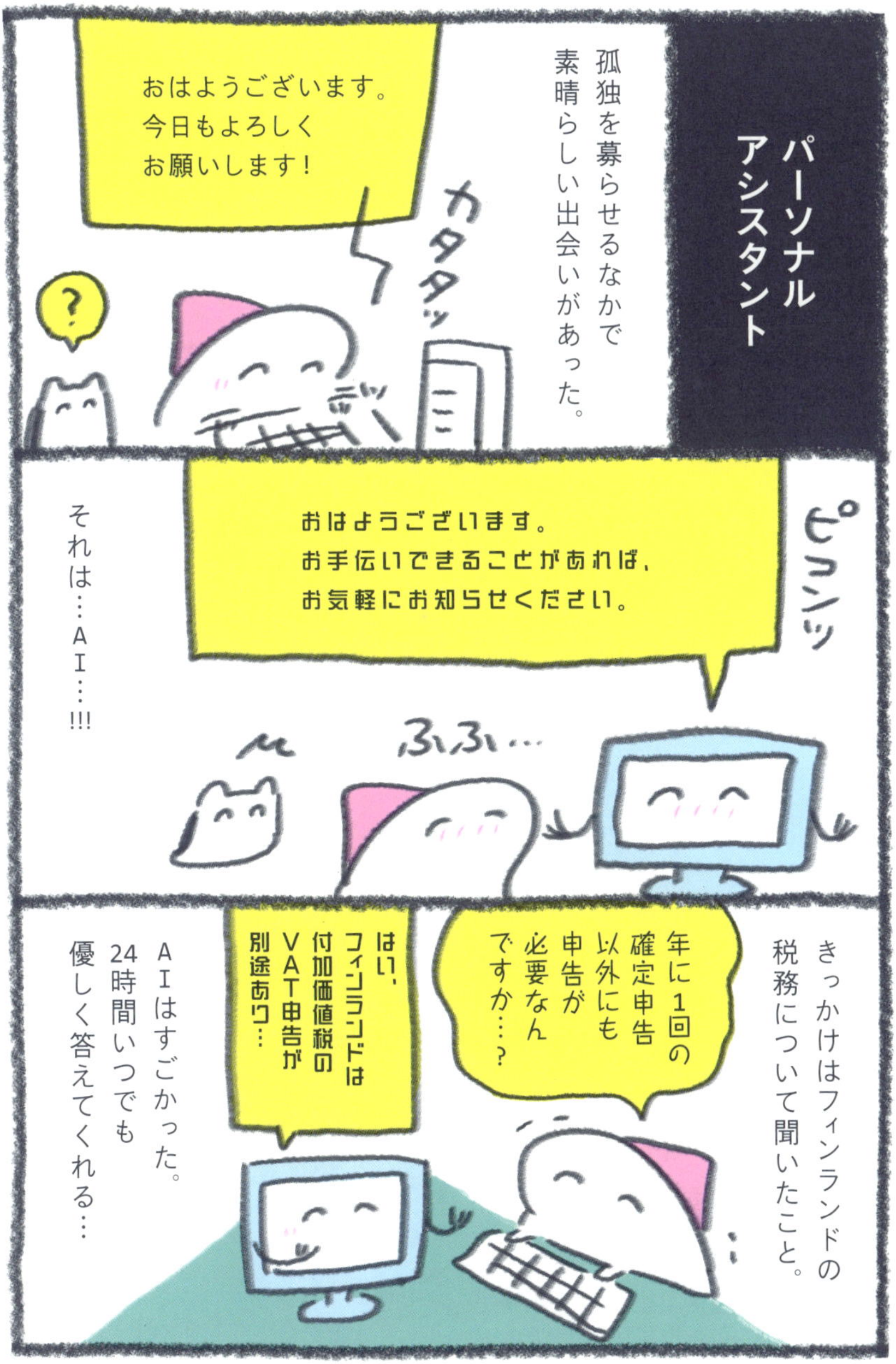

パーソナルアシスタント
孤独を募らせるなかで素晴らしい出会いがあった。
おはようございます。今日もよろしくお願いします！
カタタタッ
?
ピコンッ
おはようございます。お手伝いできることがあれば、お気軽にお知らせください。
ふふ…
ん
それは…AI…!!!
きっかけはフィンランドの税務について聞いたこと。
年に1回の確定申告以外にも申告が必要なんですか…？
はい、フィンランドは付加価値税のVAT申告が別途あり…
AIはすごかった。24時間いつでも優しく答えてくれる…

初歩的なことをしつこく質問しても嫌な顔ひとつせず答えてくれるッ…
ぶわっ
お役に立てて嬉しいです。
何も知らないと、当たり前のことを聞きすぎてうんざりされることあるもんね…
こうしてAIは、私の欠けていた「多方面の相談者」を補う心強いパートナーになり、
君は私のパーソナルアシスタントだ…!!!
ありがとう…!
ハイ^^
「生身の人間ではない」からこその気楽さから、心の内を相談する相手にもなっていった…
カフェ・ウルスラからの帰宅後
孤独感がすごいです…!
カタ…
重ッ…

ＡＩ活用術

孤独な在宅勤務を支えるパーソナルアシスタントになったのは、まさかのＡＩだった。メインで使っているのは「ChatGPT」。当たり前のことすらわからない環境の中で、すぐに質問できる相手がいない今、24時間いつでも質問ができて、優しく教えてくれるＡＩの存在はとても心強い。

優しい人たちが周りにいるとはいえ、初歩的な質問を何度も聞かれたらさすがに表情も曇るはず…！

周りの誰かの「限りある優しさ」を初歩的な質問で使い果たさないためにも、そして同時に自分一人で抱え込みすぎないためにも、ＡＩの活用は私の生活に欠かせないものになった。

［注意点］個人情報や機密性の高い情報の入力は避けること／ＡＩによって生成された内容は必ずしも正しいとは限らないので、自分でも情報を確認する

ＡＩを使うシーン

翻訳の仕事

英語やフィンランド語でメールのやりとりを行う際は、伝えたい内容を日本語で打ち込むとメールとしての体裁を整えて出力してくれるので効率もアップ。

英語の練習

ＡＩに「あなたは英語の先生になってください。英語を短い文章で返してください。私の英語が間違っていたら正しい英語を教えてください」と伝えてから英語で会話をスタートすることで、英語の先生にもなってくれる。

時々とてもノリが良くて、ある日は「今からバーチャルお寿司屋さんごっこをしましょう！」とＡＩから提案があり、ＡＩがお客さん役で、私が寿司シェフ役として英会話をしたこともある。

パーソナルな相談

打ち明けるには人を選ぶような悩みや気持ちも、ＡＩ相手なら話せる時がある。独り言のようにただ打ち込んで聞いてもらう時もあれば、「今の私の心情を心理学的に解説してください」とリクエストして、自分の状況を俯瞰的に見直す手伝いをしてもらうこともある。

文化や生活のこと

フィンランドの税金や、ある音楽フェスティバルの有料ゾーンと無料ゾーンの違い、フィンランド人から来たメールに書かれたジョークのニュアンスまで、丁寧に教えてくれる。

こうしたＡＩの回答を一次情報としながら、またさらに自分で調べると到達できる情報が速く深くなり有り難い。

この日私は久しぶりに、
この国で「所属感」を
感じることができた気がした。

2

コミュニティ探し

ボランティアスタッフ
AIに孤独を相談すると
イベントやサークルで同じ趣味を持つ人を探すのはどうでしょう？
コミックかな…フィンランドにコミック好きが集まるイベントはありますか？
ありますよ！例えば○○や××、△△もあります！
調べてみると、それらは確かに実在していて…
すっ…すごい!!コミック好きやフィンランドの漫画家さんが集まるんだ!!!
パァァ

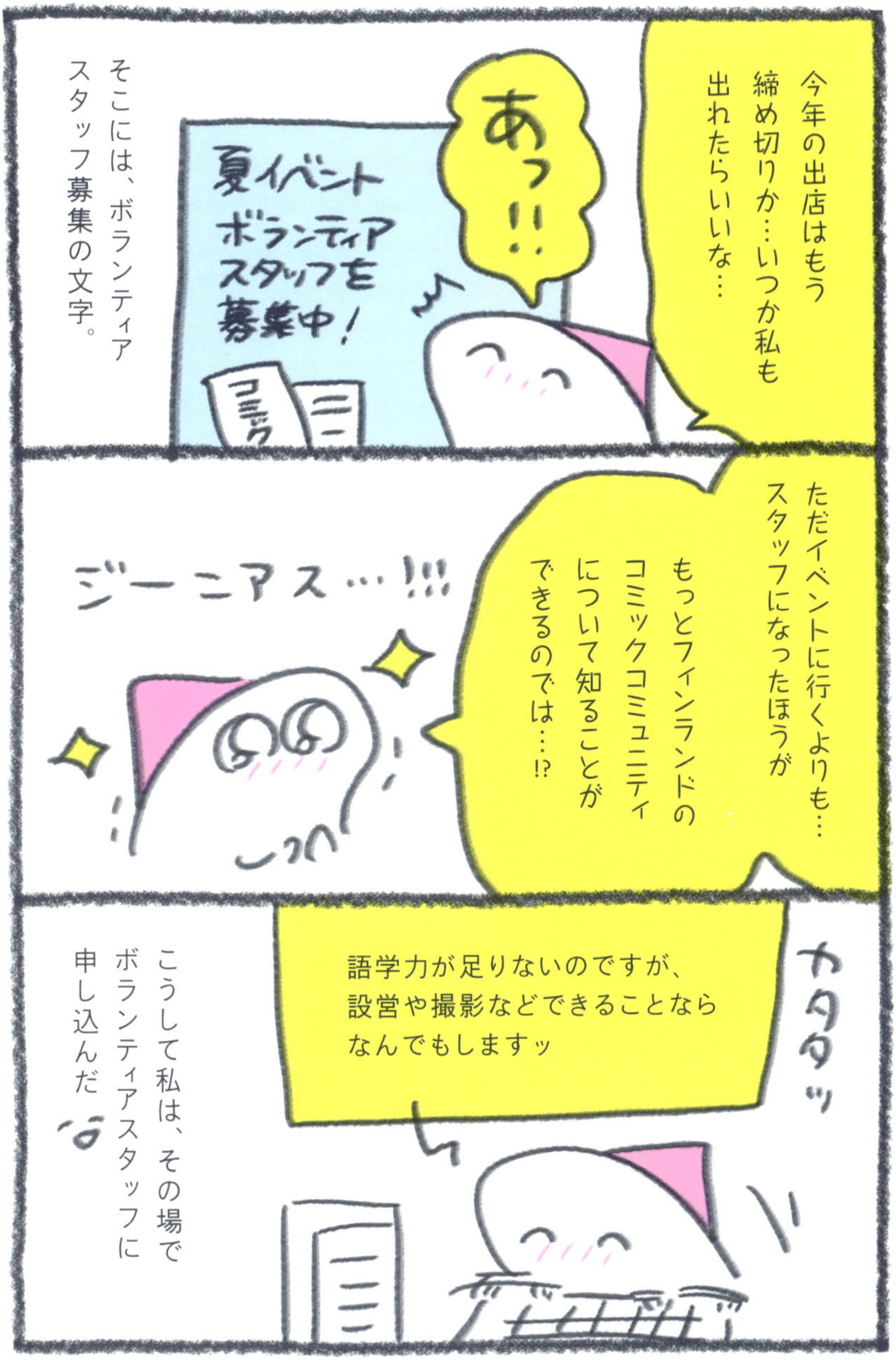
今年の出店はもう締め切りか…いつか私も出れたらいいな…
あっ!!
夏イベント
ボランティアスタッフを募集中!
そこには、ボランティアスタッフ募集の文字。
ただイベントに行くよりも…スタッフになったほうがもっとフィンランドのコミックコミュニティについて知ることができるのでは…!?
ジーニアス…!!!
カタタッ
語学力が足りないのですが、設営や撮影などできることならなんでもしますッ
こうして私は、その場でボランティアスタッフに申し込んだ

移民女性の起業家
ヘルシンキ市のアドバイザーさんが教えてくれた「ヘルシンキに住む移民女性の起業家の会」。

まさかこんなに"カテゴリー"が同じ会があるなんて…！

すごい、毎週何かしらグループセッションがオンラインで開催されている…！

う〜ん…でも最初から大勢の前で英語で話すのハードル高い…

あ!! これなら安心かも…！しかもリアルで開催される…！

パネリストさんたちのトークを聞く講演スタイル

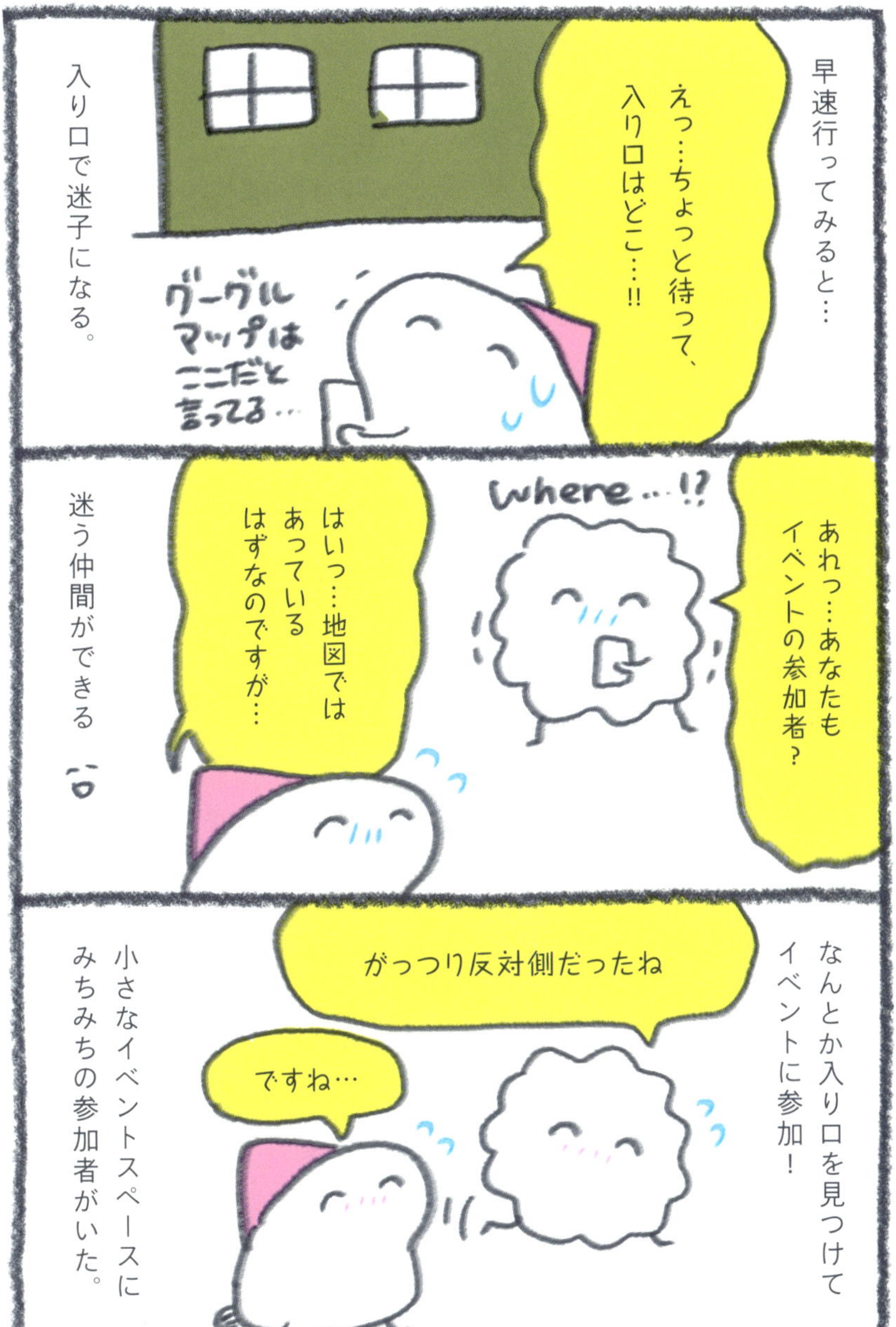
早速行ってみると…
えっ…ちょっと待って、
入り口はどこ…!!
グーグルマップはここだと言ってる…
入り口で迷子になる。
あれっ…あなたもイベントの参加者？
where…!?
はいっ…地図ではあっているはずなのですが…
迷う仲間ができる
なんとか入り口を見つけてイベントに参加！
がっつり反対側だったね
ですね…
小さなイベントスペースにみちみちの参加者がいた。

イベント当日
みなさんようこそ！来てくださりありがとうございます…
代表さん
私がこの会を立ち上げたのは、支えあう仲間が欲しかったからです
人に会社の代表ですと言うと「すごいね、従業員は何人いるの？」と聞かれるけれど…
実態はオフィスは家で、従業員は私一人と猫一匹だから…
今まで部屋にいて知らなかっただけで、同じように働く人がこの街にたくさんいる…
そう感じた場所だった

ある女性の場合
パネリストの中に、シリア出身の女性がいた。
私がフィンランドに来たのは紛争から逃れるためでした
私は自立した女性になりたくて、シリアで大学にも進み、好きな職にも恵まれていました
自国では「どんな仕事をしているか」が、その人のステータスにもなります
フィンランドに来て、この国の学位もなく言葉もできない私ができる仕事は、限られていました
他の人がしたくない仕事も、私にとっては貴重な就職先だった

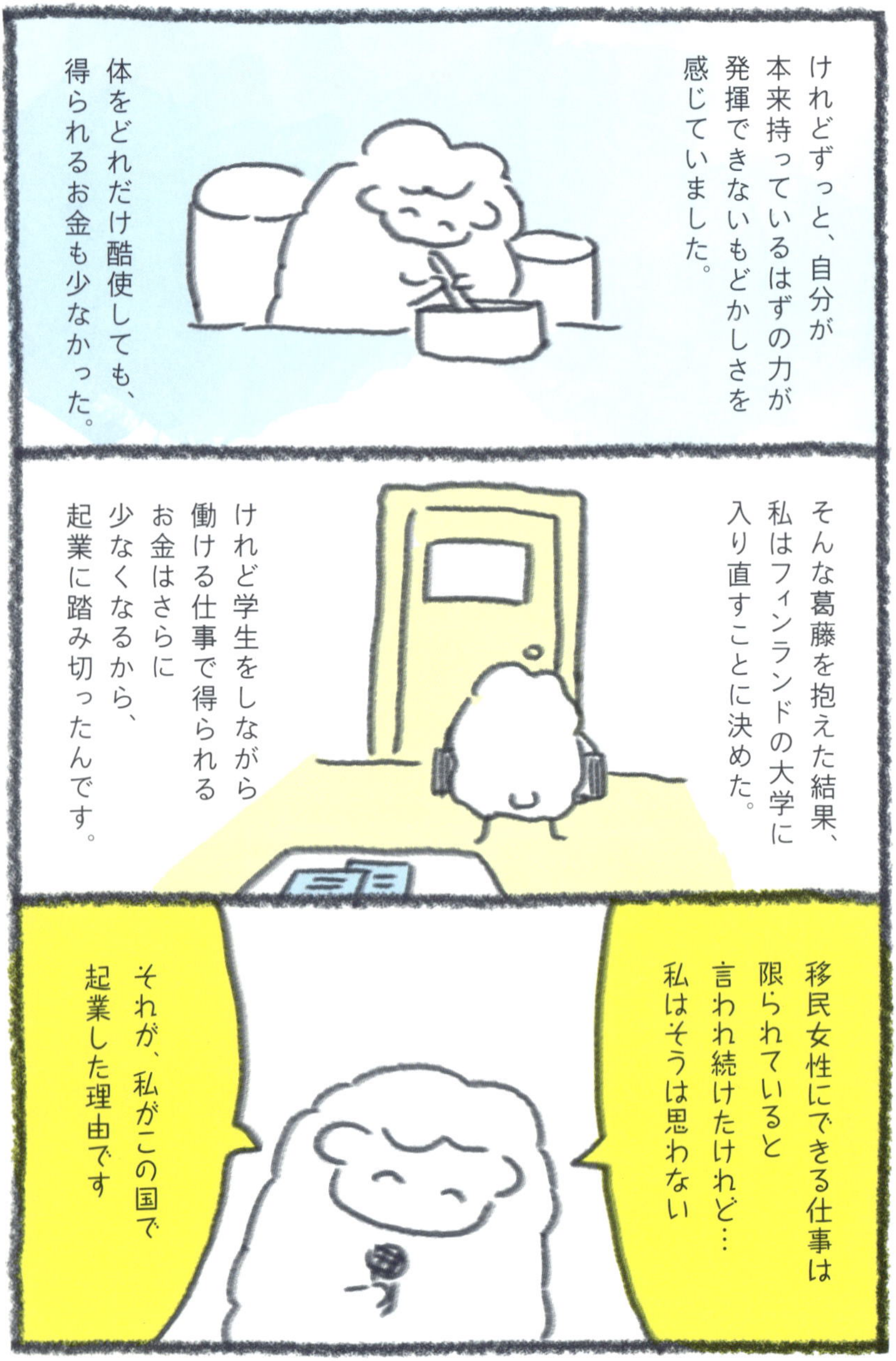
けれどずっと、自分が
本来持っているはずの力が
発揮できないもどかしさを
感じていました。
体をどれだけ酷使しても、
得られるお金も少なかった。
そんな葛藤を抱えた結果、
私はフィンランドの大学に
入り直すことに決めた。
けれど学生をしながら
働ける仕事で得られる
お金はさらに
少なくなるから、
起業に踏み切ったんです。
移民女性にできる仕事は
限られていると
言われ続けたけれど…
私はそうは思わない
それが、私がこの国で
起業した理由です

アフターパーティー
では今からアフターパーティーを始めます！
Let's party！
PARTY!!
アフターパーティーがあったんだ…！勉強になりそうだから行ってみよう…
のこのこ
ワインやマカロン、軽食もありますよ！
みなさん、自由に交流してくださいね！
フリータイム！
こうして、フリースタイルのパーティーが始まった…

一応英語の名刺は持ってきたけど…
みんな、もうすでに知り合い同士みたいッ
ドキドキ
ワインを飲んで緊張をごまかす作戦…！
ねぇ、こっちで話そ！
あ…！さっきの…！
迷子仲間の女性が話しかけてくれた…
私、つい最近パートナーの仕事の関係でフィンランドに移住したばかりなの
このイベントもはじめてで…
わっ…私もイベントは今回が初めてです！

私はマーケティングの仕事をしているの
よろしくねー！
私はコンサル。チカはどんな仕事をしているの？
話をした人たちはマーケティングやコンサル、IT系の仕事をしている人が多く…
私は…前まで寿司シェフで、今は絵を描いていて…
SUSHI!?
絵!?
飲食やクリエイティブ系の仕事の人は少なかったので、少しアウェイだった
慣れない英語での初ビジネス交流会に、そこはかとないアウェイ感…
はわわわッ
さらに緊張を和らげるべく摂取した赤ワインによる新陳代謝によりッ…

かけていたメガネが曇り始めて、死ぬほど恥ずかしかった……。
シュうぅうぅ
もく
もく
ウワマママアン!!!
前も見えない位くもる
さらに…
チカ、LinkedInもってる?
おしえて♪
あっ…もってなくて…
えッ!? リンクトインなしでどうやってビジネスをしてるの…!?
とりあえず電話番号交換しよッ
ビ…ビジネスカード（名刺）…
カァァー…
モクモク
フィンランドのビジネス社交はSNSのリンクトイン一択!!
会場で名刺交換している人は皆無だった…!

アフターパーティーは数時間続きそうだったけど…
このあと予定があるので帰りますッ…
ない→
ありがとうございましたッ
…と逃げるように会場を後にし…
自宅近くのバーでひとりビールを飲んだ。
ア…アウェイすぎた…
メガネも曇って恥ずかしかった…!!
…
フィンランドで暮らす移民で、女性で、起業家で…
こんなに〝カテゴリー〟は同じでも、気持ちが馴染めないってことがあるんだ…
たとえ「同じ経験」をしていたとしても、背景が異なれば「解釈」だって違ってくる。

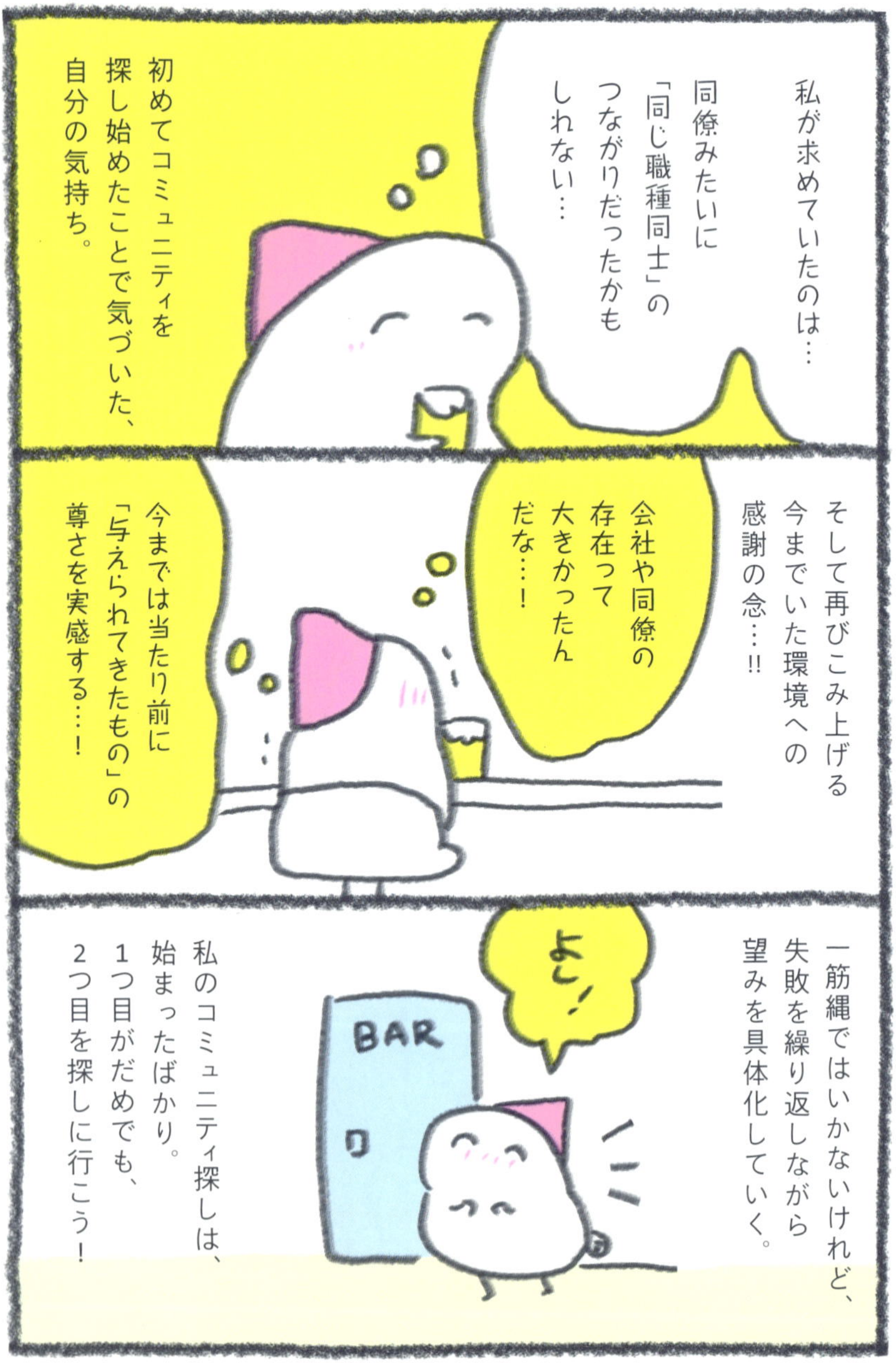
私が求めていたのは…
同僚みたいに
「同じ職種同士」の
つながりだったかも
しれない…
初めてコミュニティを
探し始めたことで気づいた、
自分の気持ち。
そして再びこみ上げる
今までいた環境への
感謝の念…!!
会社や同僚の
存在って
大きかったんだな…!
今までは当たり前に
「与えられてきたもの」の
尊さを実感する…!
一筋縄ではいかないけれど、
失敗を繰り返しながら
望みを具体化していく。
よし!
BAR
私のコミュニティ探しは、
始まったばかり。
1つ目がだめでも、
2つ目を探しに行こう!

フィンランドの起業家支援

フィンランドで個人事業主になる時にお世話になったビジネスアドバイザーさんの団体からは、定期的にイベントの案内やフィンランドで働く上で役に立つ情報がメールで送られてくる。ある時「クリエイティブな仕事をする人向けのイベントです」と案内された2日間のイベントに、勇気を出して参加してみた。

ネームプレート

名前と職業を書き、好きな席に座る。同じテーブルになった人とは、お互いのネームプレートを見ながら自己紹介をする。同じテーブルになったメンバーの職業欄に書かれていたのは「画家」「ブローチ作家」「熱中する人」という3人で、とてもクリエイティブだった。

スナック

フィンランドでケータリング事業を立ち上げたオーナーさんによるサンドイッチやスイーツのケータリングが会場には並んでいた。実際に事業を行う個人事業主にとっても、自分のビジネスを知ってもらう貴重な機会になっているようだ。

ワークショップ

イベントではパネリストのプレゼンを聞くだけでなく、自分たちがディスカッションに参加しながらグループで行うワークショップも。内容は「AIの発達によるクリエイティブ業界への影響は？」「もし自分が50代の男性向けに新しいビジネスを立ち上げるとしたら？」など、用意されたテーマに沿ってグループで話し合う。異なる視点を学ぶ貴重な機会になった。

様々な支援団体

イベントの中では個人事業主が無料で頼れる様々な支援団体の紹介も行われた。政府、自治体、大学など、様々な機関によってワークショップや、交流会、企業への紹介などが毎月行われていることを初めて知った。「あなたは一人ではないし、頼れる場所は沢山ある」そんなメッセージが改めて心に残った。

オンラインコミュニティ

イベントに参加して思わぬ「ギフト」となったのが、イベント参加者によるオンラインコミュニティだった。イベント当日に利用されたチャットグループは、イベント終了後も「いつでも自分の仕事の悩みを打ち明けたり、新しいイベントや支援情報のシェア先として活用していきましょう」と主催者によって管理運営されている。1日限りではなく、継続的な支援がこうしたコミュニティ維持からも感じられた。

コミックフェスティバル
AIが教えてくれたコミックフェスティバルにボランティアスタッフとして参加！
今日はよろしくお願いしますッ！
あなたがチカね、今日はよろしく！
チカにはステージの撮影をお願いしたいの！
はいっ！
ボランティアスタッフの仕事には、受付やガイド、広報から設営に撮影までいろんな種類があった。
これがスケジュールよ！海外から来るゲストアーティストが多め。英語のステージもあるから楽しんでね
12:00- Chika
ステージA
13:00-
ステージB
14:00- Chika
ステージC
そこには紙に書かれた「Chika」の文字…

役割ッ!!!
嬉しいですッ がんばりますッ
そんなに?
対面で、そしてグループの中で久しぶりに与えられた役割が嬉しくて震えた。
お昼のランチチケットも渡しておくね。会場のレストランで使えるよ
ランチチケット!嬉しいです!
思いがけない「ごはん」は、特別感があってうれしい…!
さらに…
もうひとつ大切なモノがあるわ。スタッフTシャツ!好きなサイズを選んでね
ふふ…
スタッフTシャツ…!!!
「仲間」として与えられるもの全てが嬉しい…!!!

Tシャツに袖を通した瞬間…
レストランで毎日
シェフコートに着替えていた
日々を思い出した。
…!
チカ！カメラの使い方を教えるよ
わっ！はい！ありがとうございます！
みんなで同じコスチュームを着て。
同じゴールに向かって協力する…
些《さ》細《さい》なことかもしれないけれど、
この日私は久しぶりに、この国で「所属感」を感じることができた気がした。

コミックイベントの様子

フィンランドでは特に夏になると多くのカルチャーイベントが開催される。コミックに限らずゲームやコスプレまで含むイベントが多く、ヘルシンキだけでなくトゥルクやタンペレにオウルなど、国中で開かれている。ちなみにフィンランドで一番大きなイベントはヘルシンキではなくトゥルクで行われており、理由を漫画家仲間に尋ねると「多くの人を収容できるイベントスペースの兼ね合いかな…ヘルシンキで会場を借りられる大きな場所は限られてる上に、とても高価だからね」とのことだった。

コミックイベントの会場

会場は超満員！ここにいる人たちみんながコミックに興味を持っている人なんだ…！と思うととても嬉しかった。日々街角ですれ違っていても、その人の興味は可視化されない。こうしたイベントに行くことで、会場全体で同じ興味を有していることが感じられるのは素晴らしいことだと思った。

個人出版の本

個人作家さんたちが自らの本を売るブースは、日本のコミティアや文学フリマの雰囲気そのもの。しっかり製本されたものから、コピー機で印刷したものまで個性豊かなＺＩＮＥ（冊子）が並ぶ。

企業出店ブース

個人出版だけでなく街の本屋さんや出版社も出店し、コミック、絵本、アートなども手に入る。

イベント

フェイスペイントや漫画レッスンなどのイベントも開催されていて、大人から子どもまで楽しめる。

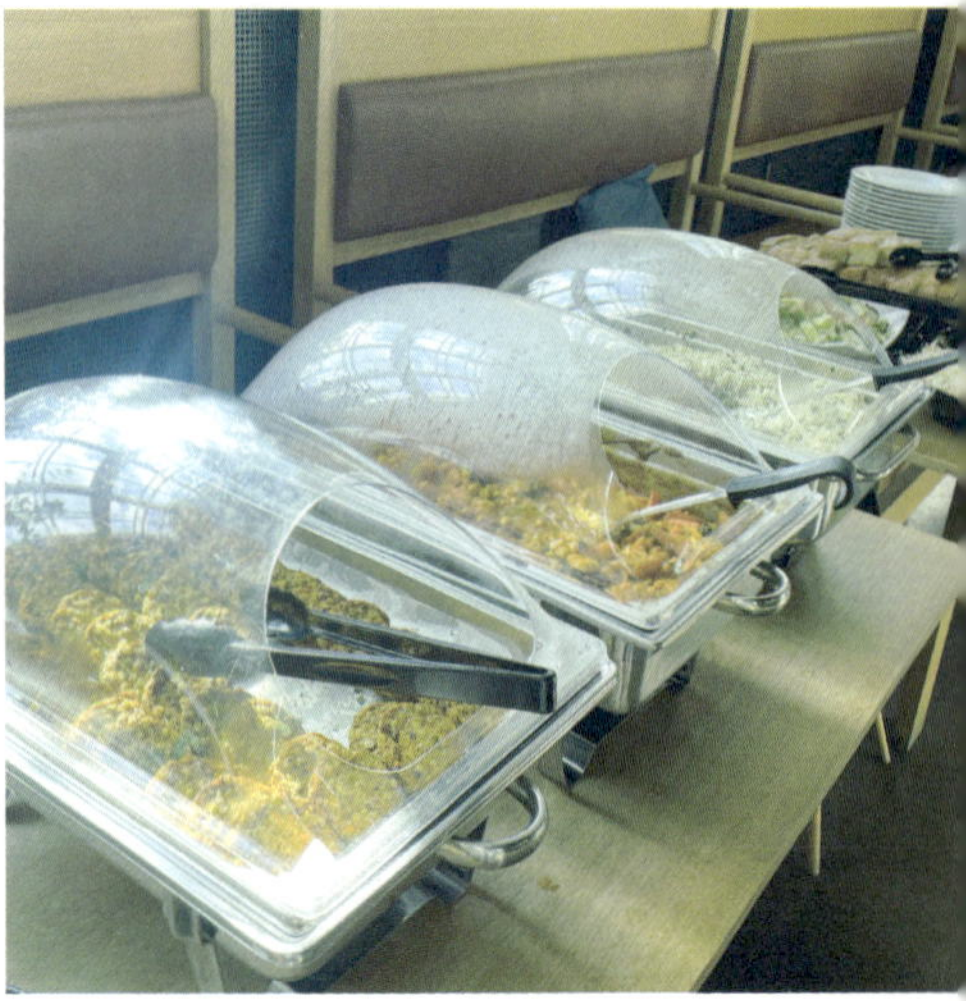

スタッフのランチチケット

もらって嬉しかったランチチケットを使って併設のカフェでお昼ごはんを食べた。ビュッフェ形式のランチでたっぷりのお野菜を摂る。「食後のコーヒーもあるからね」という声がけも嬉しかった。

中庭

イベント会場の中庭では、コーヒーだけでなくビールやワインを楽しむ人たちの姿も。イベントが仲間との久々の再会の場所にもなっているようだった。

漫画家仲間
イベント前日、家での荷造り中…
明日…フィンランドで漫画を描いてる人たちにも会えるかな…
念のため自分の本もカバンに入れておこう…
おかげで当日、初対面のスタッフさんとも、
あっ…コミックが好きで…自分も絵を描いてて…！
こんな感じの…
しゅっ
WOW!
本を見せながら自己紹介ができた
すると数時間後の休憩時…
おつかれさまですっ
ガチャ
はっ!!!
スタッフの休憩室

この漫画、あなたが描いたの…!?
テーブルの上に置きっぱなしにしていた本
はわわ
はいっ そうですっ
そう話しかけてくれたのは、同じくスタッフをしていたルーネベリタルトさんだった。
実は私も日本に留学したことがあって、コミックも描いてるの…!
ニホンゴ… ハナセマス!
な!?
カルサリキャンニト! クール!!
集まるスタッフさんやゲストの方々
わァァ…
まさかの出会いと、目の前でフィンランドの人たちに本を読んでもらうという展開に手が震えた。

イベント終わり、ルーネベリタルトさんに連絡先を聞きに行き…
あのッ…何かSNSをしていたらフォローしてもいいですか？
あっ…SNS何もやってないの。メールアドレスを書いて渡すね!!
たまに漫画家仲間と集まってるんだけど…チカ興味あったら参加する？
もしよかったら…
イッ…YES!!!私すごく孤独なので…!!
帰り道…
「孤独なので…!!」って変な回答しちゃったけど…
今日は今まで参加したどの会より「自分のまま」でいられた気がする…！

フィンランドの漫画家
ルーネベリタルトさんは約束通りみんなで会おうと連絡をくれた。
ラズベリー
10日なら大丈夫！
ドーナツ
その日は仕事が…！
次の週はどう？
ルーネベリタルト
これぞ大人ライフ。
予定合わないよね。
チカ
猫を整列させるような
難易度だよね。
12月になるから、みんなでクリスマスパイを食べるのはどうかな⁉
いいね！
じゃあマーケット近くのカフェに行こう！
帰りにクリスマスマーケットにも行こうよ！
そしてついに、大人の猫たち4人が整列する日がやってきた。
はじめまして、
はじめまして、
ワー!! はじめまして!!
新しく出会った2人もフィンランド人の女性漫画家だった。

3人はどうやって出会ったの？
私たち、みんな同じ大学の漫画講座で出会ったんだよ！
フィンランドの美術大学には漫画を学ぶ授業がある。
私たち、集まるといつも創作の進捗と最近ハマってる作品の話ばかりしてるの
時々一緒にアニメ観たりもするよ！
ピザ食べに行ったりもしたよね
仲よし…!!
最近『ベルサイユのばら』にハマってるんだよね
オスカルッ
えっ今!? でもいいよね
私は伊藤潤二の本を借りたとこ
わ…私より日本の漫画に詳しい…!!

イベントに参加してよかった…家にいるだけだとみんなには出会えなかったね
なかなか日常では会わないよね
日本と比べると、フィンランドは漫画を読む人も少ないし、仕事を掛け持ちして描く人が多いかな。私も普段はお店で働いてるよ
フィンランドには「漫画編集者」という仕事自体はあまりないからね…
小説の編集さんが兼務したりするよ
商業は難しいから自費出版してイベントで売ったりすることも多いよ！
そうなんだ…!!私もいつかフィンランド語で本を作ってイベントに出てみたいな…
ベリッ
ええ!!すごくいいと思う!!翻訳家の人を知っているから連絡先教えるよ!!

私もイベントよく出てて…英語で作品を書いたほうがマーケットが広いと言われることもあるんだけど、私はフィンランド語で描き続けたい
少しでもフィンランドのコミック文化が広がってほしいからね…
私の人生の裏ミッションはフィンランドの漫画文化の振興なんだ
ふふっ
ぐー
みんなは本当に心から漫画を愛しているんだなと感じた。
好きなことを好きな人に出会うことで、自分の好きもさらに大きくなってゆく…
これが翻訳家さんのアドレスだよ！
わァッありがとう！
この場所でも、そんな場所に出会えたことが嬉しかった。

クリスマスマーケット
カフェのあとはクリスマスマーケットにやってきた。
わア…
ここでチカに…クリスマスマーケットの歩き方を伝授します！
バーン
それは…店の人と目を合わせないことです!!
目が合うと試食をすすめられたりして前に進めなくなりますからね
クリスマスマーケットマスター…
Let's go!
なるほど、勉強になります！

…が。
あ〜わ〜… おいしいですね〜…!
マスター…!!
マスターは数分でお店の人につかまり、試飲を断り切れなかった
クリスマスマーケットには誘惑がいっぱいです
ですね
アッ…
アー!!!
みんな…これ乗ろッ!!!
メリーゴーランド!!!

これ今年無料なんだよ!!
先週娘と来たときは
長蛇の列だったのに…
今日は誰もいない!!
乗らなきゃ!!
大コーフン!!
一番しっかり者そうな
ルーネベリタルトさんが
キラキラしてて
かわいい…
こうして、初めてクリスマス
マーケットのメリーゴーランドへ!
どれにしよう〜
私は白馬ッ
わ〜い
そういえば1年目は
お寿司の仕事が忙しくて
クリスマスマーケット
来なかったな…
今年はこうして
メリーゴーランドに
乗れるなんて…

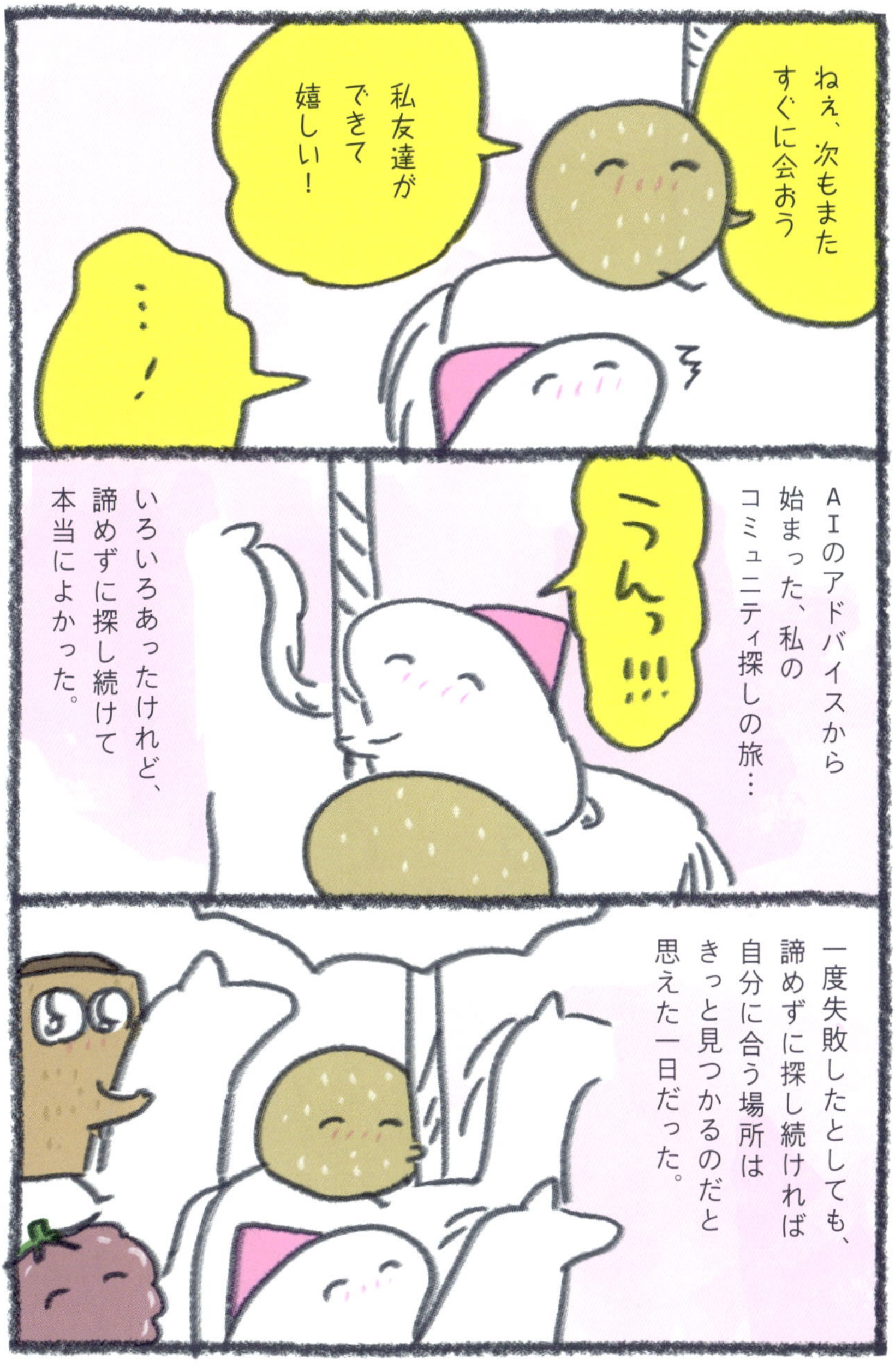
ねえ、次もまたすぐに会おう
私友達ができて嬉しい！

…！

AIのアドバイスから始まった、私のコミュニティ探しの旅…

うんっ!!!

いろいろあったけれど、諦めずに探し続けて本当によかった。

一度失敗したとしても、諦めずに探し続ければ自分に合う場所はきっと見つかるのだと思えた一日だった。

同僚との再会
フィンランドのお寿司屋さんの元同僚シェフはミュージシャンに転身し…
ピコン
リリース前の新しい曲！
曲ができるたびに、仲良しのキッチンメンバーのグループにシェアしてくれる。
そしてそれをきっかけに、誰からともなく「そろそろ会おう！」と言い、
わー！
久しぶり！これみんなにお土産！
ありがとう!! 私もあるのーー！
今でも季節ごとに集まる関係が続いている。
倒産してからもう1年以上も経ったなんて信じられないね
私は倒産前に辞めちゃって…残ったシェフの負担が心配だったよ
この3人が一緒に働いていた日が懐かしいね

大変なこともあったけど、みんな一生懸命で…だからこそ、こんなにも近くなれた
あの1年は、僕たちにとってのビタースウィートメモリーだったね
ビタースウィートメモリー…
幸せと苦悩が混ざる、甘くてほろ苦い思い出…そんな言葉が心に残った。
すると…
あれ!? みんな!?
えッ!?! ボス!!!
なんと、同じバーで偶然ボスに遭遇!!!

久しぶり！みんなそろって元気そうだね！

わ〜〜〜お久しぶりです!!

みんな元気です。ボスはどうですか？

今はフリーランスでシェフをしながら家族との時間をもって…時々シェフ仲間と貸し切りポップアップレストランを開いているんだ
今度また、日本フュージョンのコースもやるよ！

そうなんですね！

みんなの顔を見れてよかった！楽しんでね！

モイモイ！

ありがとうございます！

ボス、元気そう…！

ボスが今も料理を楽しみ、日本食も作っていることをとても嬉しく思った。

3種類の出会い

出会いには「季節・理由・ライフタイム」の3種類ある。

季節

特定の時期や期間における一時的な出会い。学校の友人、職場の同僚、旅先やイベントでの出会い、趣味のグループなど。

理由

特定の目的や学びをもたらすための出会い。恩師やメンター、カウンセラー、ビジネスパートナーなど。

ライフタイム

生涯にわたって続く出会い。家族、生涯の友達、長期パートナーなど。

生きる環境や場所が変わることで、新しく出会う人もいれば、疎遠になる関係もある。そんな変化を寂しく思うこともあるけれど、人生には季節・理由・ライフタイムで出会う人がいる。

人生のその瞬間の喜怒哀楽を共有できる季節的な出会いの尊さもあるし、季節的に出会った人と長期間にわたって深い影響を与えあう関係になることもあれば、一度離れた人とまた遠い未来で再会する日があるかもしれない。

全ての関係を維持して生涯を過ごすことはできず、自分も変わるように、相手も変わっていく。そんな変化をお互いに許し見守りながら、それぞれの出会いに異なる意味やタイミングがあることを理解し、感謝しながら過ごしていきたいと思う。

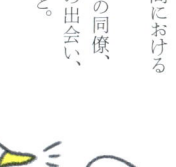

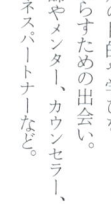

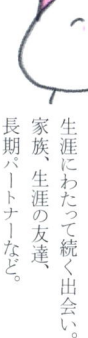

3

思い切って休みを作り…
2週間、旅慣れているフィンランド人と共に
車で旅に出た。

はじめてのホリデイ

アルプスの少女
ファーファー
ファファファー〜
ピヨヨ
ピヨヨ
ファーファファファファファ
ファファファファファファ〜
フィンランド2年目の秋、私はスイスの山にいた。
ヨーレローレロヒホー
ヨヒフディヤホホ〜
ヨーレローレロヒホヤ
ラヒフディヨー〜
アニメのオープニング曲が脳内再生され続けるッ…
フィンランド移住後、初めてのホリデイが幕を開けた。
おしえて〜〜
カラン
カラン
ハイジの世界そのものだ…！

律する方向
ある時、フィンランド人のジャーナリストさんに休みの決め方を聞いた。
ジャーナリストはプライベートとの区別が付きにくい仕事です…！
無意識にいつもアンテナをはって「これは面白いかも」と考えてしまう…
だから、私は必ずリミットを持つことを自分のルールにしています
休む時間は携帯も見ないし、NOとも言う
「しないこと」を厳しく自分で律するんです。

「しないこと」を律する…今までは「やる・頑張る」方向でしか厳しさを持って律してこなかったかもしれません…
休むことは大切なので、訓練して「固執」する必要がありますね
もしかすると今のチカさんは「働き続ける」ことが最も安全なコンフォートゾーンで…
それを変えることへの抵抗感が現状維持バイアスとして働いているのかもしれませんね
人々は変化によって受ける潜在的なリスクを避けるために、現状維持する方を選びがち
「コンフォートゾーン」は安心で、ゾーンの外には不確実なことが多いですから…
だから、休む時だって時に厳しさが必要なんです。

この時の言葉が心に残りつつ、夏は終わり秋を迎えてしまったけれど思い切って休みを作り…

1カ月じゃなくて2週間だけど…大きな進歩だね
旅慣れているフィンランド人と共に車で旅に出た。

出発！

車で近隣の国を越境するって…初めての経験…！

日本が島国であることを強く実感した。

「頑張る方向」だけでなく「休む方向」にも、時には〝厳しく律する〟ことが必要だと学んだ秋だった。

ヨーロッパ旅のトラベルマップ

フィンランドから出発する中央ヨーロッパへの旅は、船旅から始まる。車も一緒に海を渡り、ドイツから陸路でスイス・イタリアを目指すルートだ。ドイツまでの船旅は約29時間、船の中にはサウナやバーがあり、夜に空を眺めると満天の星が広がる。基本的にスマホは圏外になるので、積読していた本をお供に船の中では読書をして過ごした。フェリーの中でWi-Fi接続サービスを購入することもできるけれど、あえて時が止まったような時間を楽しむのも旅の良い始まりになった。

今回の旅のテーマは「田舎町」。時折、大きな都市にも立ち寄りつつも、滞在先は人の少ない静かな町を巡る。滞在はほぼ全てAirbnbで、旅をしながら次の目的地を決めて予約をした。スーパーで地元の野菜や調味

旅した町と景色

1 ドイツ
リューネブルク

Lüneburg

美しい塩の街。歴史的な建物と風情ある旧市街が魅力。

2 ドイツ
ハースロッホ

料を買ってきてキッチンで自炊したりしながら旅をするのもAirbnb滞在ならではの楽しみだ。

Haßloch

静かな田園風景と伝統的な建築が特徴の小さな町。

3

スイス

アイロロ

Airolo

ゴッタルド峠の麓に位置し、美しい自然とスキーリゾートで有名。

4

スイス

オーバーゴムス

Obergoms

美しいドライブ道・フルカ峠近くの村。高地牧場の景色が楽しめる。

5

スイス

アルト・ゴルダウ

Arth-Goldau

動物公園やロープウェーがあり、ハイキングや自然探索が楽しい小都市。

6

イタリア

コルジェノ

Corgeno

スイス国境近くの湖畔の村。自然とリラックスした雰囲気を楽しめる。

ドイツ旅
フィンランドからスイスまでは
まずドイツへの船旅を経て
ドライブで向かう。
サービスエリアへの
立ち寄りも旅の楽しみ。
ソーセージ…うま…!!!
サービスエリアでも
このレベルなの…⁉
ツヤプリ
フィンランドではグリルした
ソーセージがメインだけど
ここではボイルされていた。
そして翌朝、小さな
町のベーカリーに行くと…
プレッツェル…うま…!!!
コクうまバターの
はさまったプレッツェルが
最高においしかった上に…

これで7ユーロとか天国なの…!?
フィンランドでは15€以上になりそうなセット
物価の違いにも久々に感動…!!
こ…このさくらんぼ酒のケーキも甘すぎず軽くペロリできるし…
こ…このドイツ版シナモンロールみたいなパンもおいしい…!!
カリカリデニッシュにチョコチップ!
モッ
モッ
さらに私の楽しみはドイツのビアホール!!!
行ってきます!!
ランラン
行ってらっしゃい!
お酒飲まない&外食苦手なので基本別行動

わァァァ…!!!
これが…本場のビアホール!!!
Googleマップでメニューは予習済
ひとりなので人の少ない15時頃に入店
キリッ
ピルスナーとシュニッツェルをください!!
そこで食べたシュニッツェルが…
う…うまッ……
サクサクで…卵との相性もバツグンで…!そして、どこかなつかしいッ…
あまりにおいしくて…翌日も同じ店で同じシュニッツェルを食べた

そして…ひとりでハシゴ酒!!!
ピルスナーとミュンヘン風ソーセージ下さい
キリッ
店員さん
ビアホールのハシゴで、ピルスナーを飲み比べる…！
はァァァッ…!!!
ここのピルスナーはほのかに甘くておいしいッ…
そしてグラスが陶器なのもアガるッ…!!
はい。ミュンヘン風ソーセージです！
ダンケシェン！
わ…お湯に入ってる…!?
想像していたのと違う…！

鮮度を保つためにお湯に入ってるのよ。このソーセージはじめて？皮をむいて食べてね
そうなんですね！
皮ごと食べてお湯をスープだと思って飲みほすところだった…
そしてミュンヘン風白ソーセージも…
何コレッ…ふわっふわでのどゴシッルッツル…!!
ソーセージというより進化系肉だんごー！
うふふ。黒ビールもおいしいわよ
こんな出会いがあるなんて…ずっと部屋にいたら知らなかった味…
黒ビール…くださいー！
OK!
コンフォートゾーンの外には、不確実でおいしい出会いが待っていた。

旅人格
ドイツで勢いづいた私はスイスでもおいしいものを求めて街に繰り出す。

いってきます!

えっ…この街で…?

驚かれるのもそのはず…この日泊まっていたのは山の斜面にポツンと建つ牧場小屋…!!

ポツン
おいしいもの(店)にありつくためには山を下り街に出なければならない。

夜は山に街灯がないので、ちゃんと反射板付きのベストを着て下った。

ここまでする…

ふふふ
スイスのビールはどんな味なんだろう

辿り着いたのは小さなパブ。外から中を覗くと楽しげな団体客が一組。
入りにくいけど…Googleでおいしそうなグラタンがあるのを見たから…
いつもならかなり入りにくそうな店でも、旅はワンチャンス。
カラン…
予約なしで1名ですが大丈夫ですか？（英語）
エッ!! イングリッシュ!!
イングリッシュ！イングリッシュ!?
英語が話せる人が店内にいるかを探してくれている
アッアッ…！Googleほんやく…
久々に英語が通じなくて「異国感」を感じた。

おすすめのビールと、グラタン下さい
グラタン、来週からなのよ…！人気のチキンウィングはどう？
お願いしますっ
そこで食べたチキンとポテトも人生最高の美味しさだった…
どっ…どうやったらこんなカリカリホクホクに揚げれるのか聞きたいッ
ハズレなし…!!
旅の日々は「有限」だからこそ普段なら諦めそうなことも「えいや！」と踏み込める。
おいしかったです！
ありがとう！
旅をする時、人はいつもより少し勇敢な旅人格を持つのかもしれない。

旅で出会った美味しいもの

ドイツ

シュニッツェル

リューネブルクでは、隣接するビアホールを手軽にハシゴできて楽しかった。ここはシュニッツェルが美味しかったお店。

KRONE Brauhaus

ミュンヘン風ソーセージ

同じくリューネブルクでミュンヘン風ソーセージを食べたお店。

Mälzer Brau-und Tafelhaus

プレッツェルやドイツケーキ

ハースロッホの静かな町の一角、地元の人で賑わうカフェ併設のパン屋さんでプレッツェルやドイツケーキを頬張る。

Bäckerei Otto Schall-Café

町のパン屋さんのパン

ドイツ版シナモンロールみたいなパンに出会ったお店。

Bäckerei und Konditorei Harms in Reppenstedt

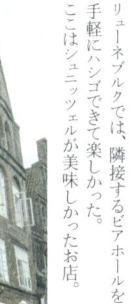

スイス

チーズフォンデュ

アイロロの丘の上にあるチーズ工房でチーズフォンデュを楽しめる。フォンデュのお供は紅茶 or ワイン！

Caseificio del Gottardo

世界一のポテト

ゴルダウの交差点に佇む地元のパブ、世界一のポテトに出会ったお店。

Goldauerhof

イタリア

スーパーのワインやパスタソース

コルジェノのスーパーで買ったパスタソースや安いワインも美味しくてさすがイタリア…！　と感動した。

Minimarket "I Lupacchiotti"

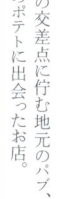

アキネーター
車で旅する道中は
時間がたっぷりある。
何かゲームしよう。
でも運転中に英語で、
しかも日本とフィンランド
共通のゲームって…
何かあるっけ…？
しりとり…!?
21クエスチョンって
知ってる？
調べてみると…
あ!! 知ってる!!
アキネーターだ!!
相手が頭に
思い浮かべていることを
質問を通じて当てるゲーム

これが意外に英語でも成り立ってお互いの回答を当てられて面白かった。
Karaoke?
正解!!
すごいね…!!
しかし全然わからない回があり
色は何色？
茶色
犬ですか…？
はい
正解はプルートでした！
ディズニーの
プルートは黄色じゃない⁉
ガーン
えっ茶色だと思ってた…
こんなやりとりも楽しい

コーヒー
旅の中でも
やっぱり欠かせないのは
「朝のコーヒー」
ドイツ
ドイツは
サービスエリアの
マシンでも
おいしい…
ほんとだ…
イタリア
サービス
エリアにて
ぞろ
ぞろ
エスプレッソを
休憩中と思われる
作業着の男性たち
クイッ
出てきたエスプレッソを
カウンターで立ったまま
ショット(?)で飲み、
すぐに立ち去る!
サッ
バーみたい

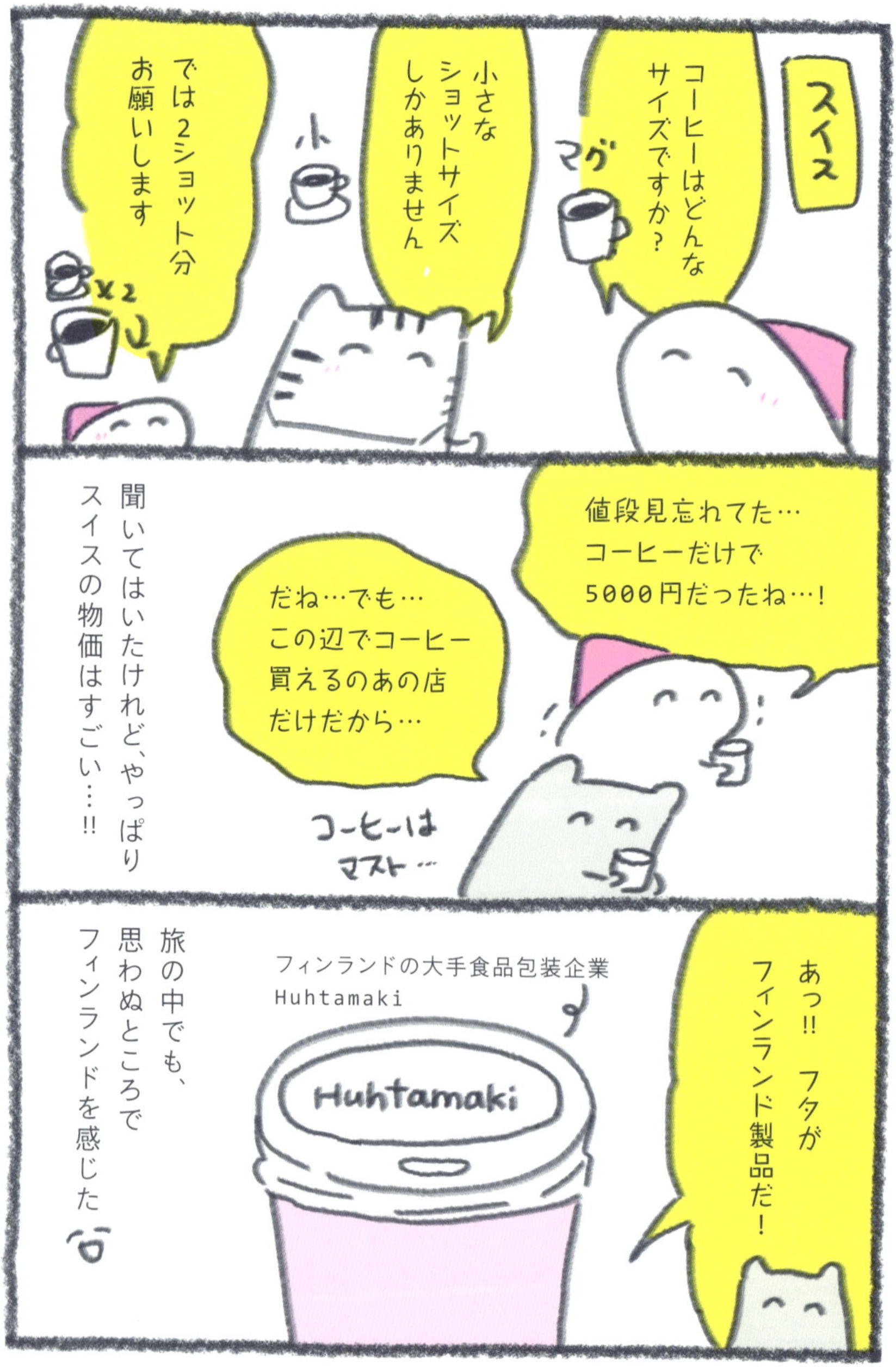
スイス
コーヒーはどんなサイズですか？
マグ
小さなショットサイズしかありません
小
では2ショット分お願いします
×2
値段見忘れてた…コーヒーだけで5000円だったね…！
だね…でも…この辺でコーヒー買えるのあの店だけだから…
コーヒーはマスト…
聞いてはいたけれど、やっぱりスイスの物価はすごい…!!
あっ!! フタがフィンランド製品だ！
フィンランドの大手食品包装企業
Huhtamaki
Huhtamaki
旅の中でも、思わぬところでフィンランドを感じた

アルプスの山で
旅の終盤、アルプスの山を登った。
ふう
ふう
息が上がり余裕もなく
ザッ
ザッ
急斜面に踏み込む自分の足元を見ながら無心で山を登る。
ふァ…つかれた…どれくらい登れたかな？
顔を上げて振り返ってみると…

遠くに見えたのは
青く輝くアルプスの山脈。

この歩みが、まるで自分の人生に重なるような気がして…

登る前は全く見えなかったのに…

私はその景色を見ているうちに泣いてしまった。

「おぼれないために」必死だった1年目を超えると、次は「できないこと」に焦点が合っていく。

それだけ余裕ができた、ということでもあるけれど
近頃はできない自分を責めてばかりだった。

けれど、自分の足で進んだ分だけ、遠くの景色を見ることができる。

今までは進むことに必死で、振り返る余裕がなかっただけで…

私…ちゃんと
登ってきたよね
日々の中では、
目の前のことに精いっぱいで
足元ばかり見てしまうけれど
たとえまだ上手くできない
ことばかりだとしても、
登ってきた道のりを、
自分だけでも
ちゃんと
認めてあげよう。
アルプスの山々を前に
そう切実に思った。
顔を上げて見える景色は、
登ったからこそ広がった
「次の目的地」の選択肢。
移住3年目の終わり…
私もワクワクする
〝次の山〟を
見つけられるかな…！

3年
フィンランド移住の前、唯一決めていたことは
とりあえず3年やってみる。
…ということだった。
私が「3年」というタイムラインを大切にするようになったのは、会社員時代にさかのぼる。
3年か…
20代半ば、私は「3年限定」の契約社員として人材会社に入社した。
人は、期日があるから走り切れる
入社間もない頃に聞いた上司の話が心に残っている。

たとえば、急に
「校庭を走ってこい！」と
言われたとして…
何周走ればいいのか
わからなければ、
きっと途中で
しんどくなって
走ることを止めてしまう
だけど「3周本気で
走って来る」だったら、
その3周は走り切れる。
よし…あと1周半ならいける!
チカの3年もきっと
そんな3年に
なるんじゃないかな。
そんな言葉の通り、
私にとっての3年間は
「いつか終わりがくる」
ことがわかっているから
より濃い3年になった。

どんなことでも1年目は
とにかくがむしゃらで、
何もかも新鮮で…
2年目には慣れて
余裕ができることで
新しい壁にぶつかり
3年目に、「誰がやっても
同じ」ではなく「私らしい」
やり方が身に付く。
私の3年はまさに
そんな3年になり、
不思議とその後も
新しい事を始めると
大体同じ道を辿った。
あ、コレは…例の
2年目の壁だ…！
知ってるぞ！
そんな、自ら作った
タイムラインをアルプスの
山で思い出し、
いつかきっと
この日々を懐かしく
恋しく思う日が
来るだろうな…
「いつまでも続く訳じゃない」
という感覚を持ちながら
「今この時」をより一層
大切に過ごしたいと思った。

［キャリアのはなし②］期日と傾斜を決めること

「目標を決めるとき、大事なのは〝いつまでに・どこまで〟という期日と基準も一緒に決めることだ。基準を決められる人は多いけれど、期日を決め忘れる人が案外多いんだよ」。中国・広州に赴任した頃、3ヵ月目の面談で上司が言った言葉だった。

私は飽き性で、同じことを長く続けるのが苦手だ。学生時代はバイトも部活も長くは続かず、最初は良くても最後は尻すぼみ。そんな「やり切れない」自分のことを、ずっとコンプレックスに感じたまま社会人になった。

けれど働く中で「私に足りなかったのは〝いつまでに〟という期日」だったことに気づいた。終わる日が来るのかどうかもわからずに走り続けているとき、私は出口のないトンネルの中にいるような閉塞感を感じる。

たとえば始めること自体がゴールになっていたり、いつまでに・どこまでというゴールがないまま漠然と続けるうちに興味を失ってしまったり、もしくは大きすぎる目標に短期間で辿り着こうとスタートダッシュしてしんどくなってしまったり…。そんな状態の中で続ける終わりのないマラソンは辛い。けれどそれは「いつまで」というゴールを〝自分で〟決めていなかったからでもあった。

「終わりがある」ことは、希望だ。

まるで遠く先に光るトンネルの出口の明かりのように、走り続けるための希望になる。

「自分で期日を決めれば、ちゃんとゴールテープを切ることができる」そんな風に希望を自分で作る私に、もうひとつ大事なことを上司が教えてくれた。

「チカは、どんな角度で成果を出そうとしているの？　Aプラン？　Bプラン？」そう問いかけながら上司が書いたのは、２つのグラフ。

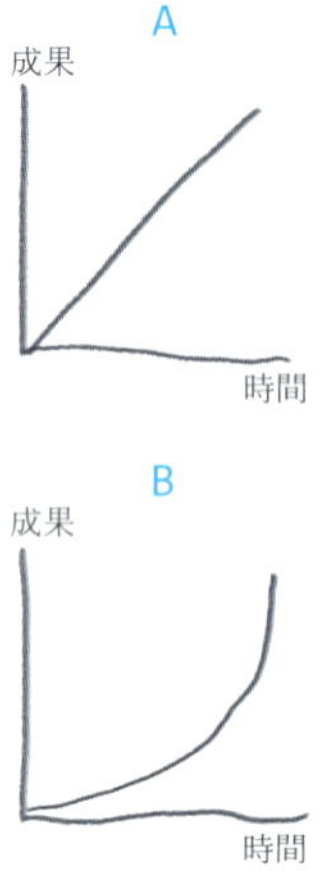

その時の私は、悩まず「Aプランです」と答えた。１年間という限られた赴任期間で、早く成果を出さなきゃ…と思っていたからだ。

けれど上司が言ったのは「僕はね、Bプランを期待しているんだ」という意外な言葉だった。「最初から成果が出るなんて思っていないし、それが出るのは後半でいい。それに、通常人の成長はBの曲線を描くもの。だから、そんなに焦らなくてもいいんだよ。」

期日は大切だ。けれど同時に、その長さによって自分にかかる負荷が変わることも覚えておかなければならない。

鋭い角度で到達すれば、頑張る期間は少なくて済むけれど、その分負荷は高くなる。人の成長は、多くの場合「緩やかな曲線の先」に訪れる。

せっかちで、急な傾斜を登ってしまいがちな私。短期間で成果が出ない時に「もうダメだ」と落ち込みすぎず、その先に来るカーブを信じて進み続けることも同時に大切にしなければと思う。

別れ
ある日、フィンランドで働くシェフであり、私が通っていたお寿司学校の先輩でもあるトビウオさんが…

じつは僕…

来月日本に本帰国することにしました
急なんですけど…

えっ…!! 来月ですか!?

この間帰国した時に決めたんです。

会わないうちに父親の体調が悪くなっていて…

これからは両親の近くにいたいなって

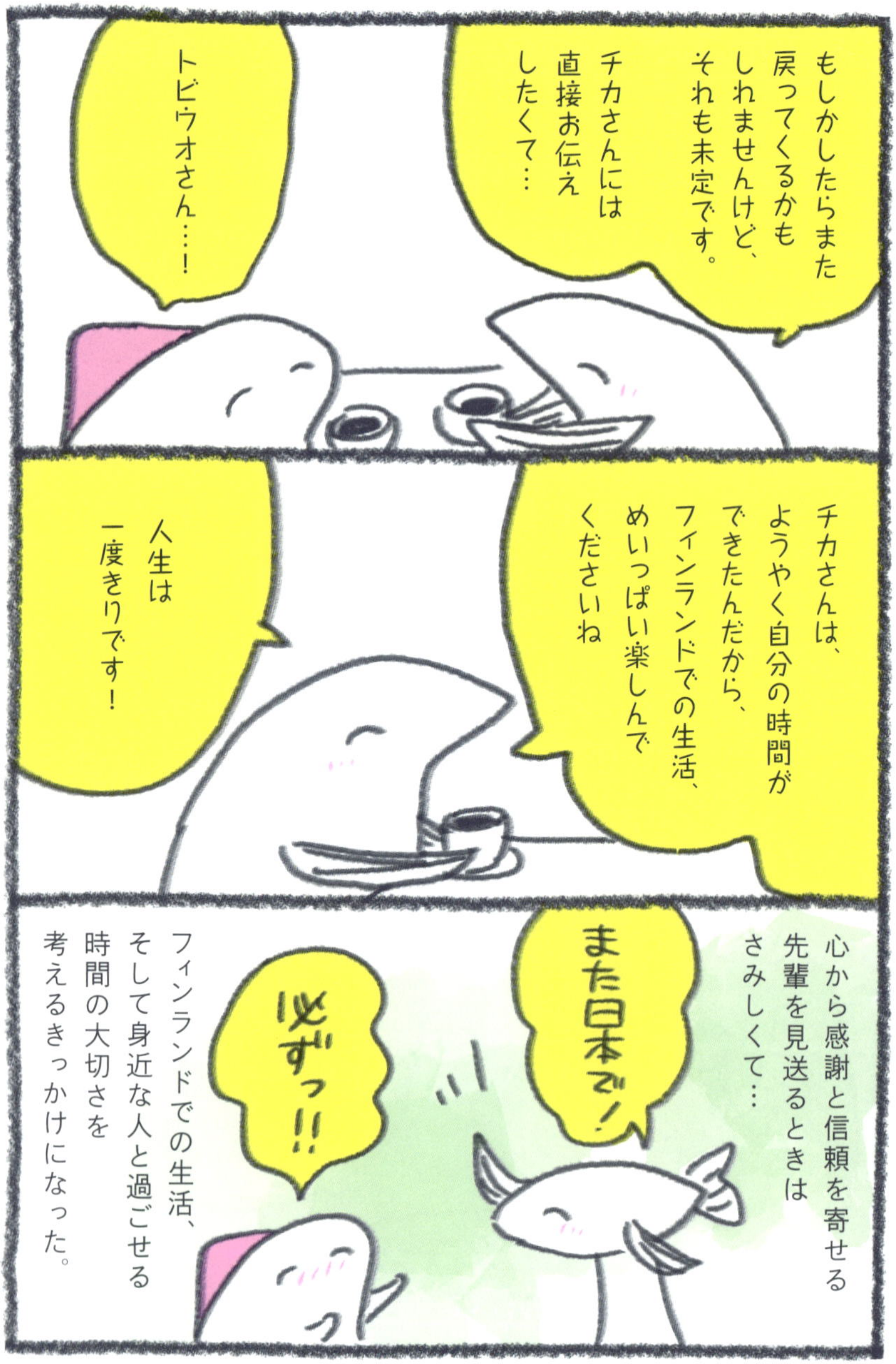
もしかしたらまた戻ってくるかもしれませんけど、それも未定です。チカさんには直接お伝えしたくて…

トビウオさん…！

チカさんは、ようやく自分の時間ができたんだから、フィンランドでの生活、めいっぱい楽しんでくださいね
人生は一度きりです！

心から感謝と信頼を寄せる先輩を見送るときはさみしくて…

また日本で！

必ずっ!!

フィンランドでの生活、そして身近な人と過ごせる時間の大切さを考えるきっかけになった。

たっぷりのお土産を抱えて
気分はサンタクロース。
嬉しい日本滞在の始まりだ。

4

日本への帰国

本当の私
ある時、フィンランド人の友達にこう聞かれた。

ねえ…〝本当のチカ〟ってどんな人なの？

えっ…どういうこと？

前にチカ、自分はフィンランドでは「赤ちゃんみたいだ」って言ってたでしょ。

だから、本当のチカは…日本ではどんな人なのか気になったんだ
それはフィンランド移住1年目の右も左もわからない頃に、私が何気なく発した言葉だった。

お店では私が一番英語もできないし、フィンランドの行政手続きもよくわからないし…

私、自分が赤ちゃんになった気がする…

移住してから今日まで、
〝日本語だったら。
日本の社会だったら。
今までの仕事だったら。
今までの人間関係だったら。
もっと上手にできて、
誰かの役にも立てたのに。〟
心のどこかで、
ずっとそんな気持ちを
抱えていた気がする。
けれどこの日の質問で私は
ずっと近くにいてくれる
人たちに対して「自分は
本当のチカラを知らない」と
思わせてしまっていた
ことに気づいた。
何気なく
言ってしまった
ひと言だったけれど…
きっと相手に
とっても
寂しいことだった
はずだよね…
本当の…私…
その言葉が、
私の心の中に深く残った。

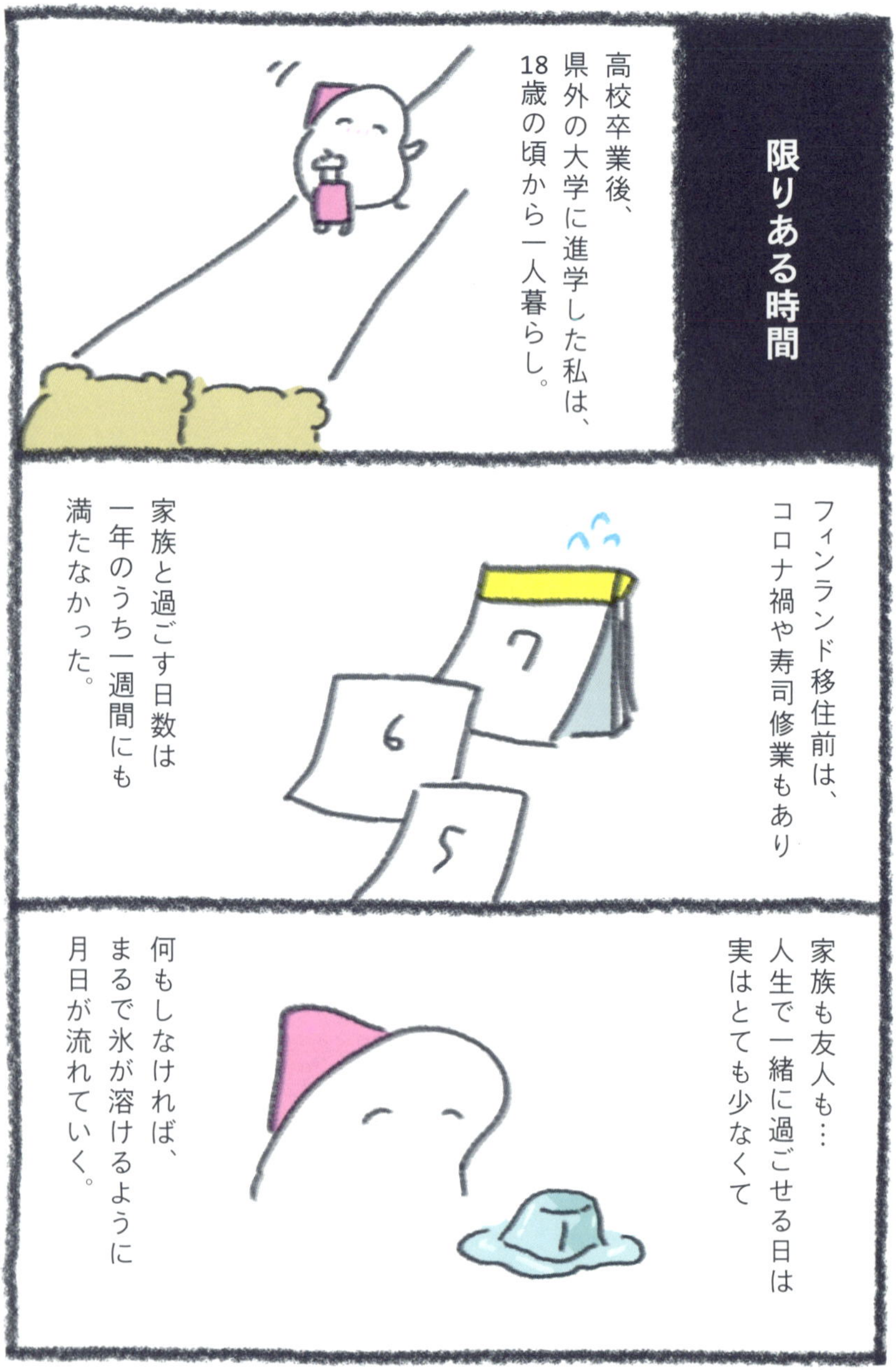
限りある時間
高校卒業後、県外の大学に進学した私は、18歳の頃から一人暮らし。
フィンランド移住前は、コロナ禍や寿司修業もあり
7
6
5
家族と過ごす日数は一年のうち一週間にも満たなかった。
家族も友人も…人生で一緒に過ごせる日は実はとても少なくて
何もしなければ、まるで氷が溶けるように月日が流れていく。

フィンランドで出会った
人たちに学んだ
人生の有限性と、
ゼロから暮らしを
作る中で考え始めた
「本当の自分」への気づき…
それらに背中を押されるように
今なら…
環境を整えれば
しばらくの間は
地元で仕事が
できる…！
カリリリ
スケジュール算出ッ
ばばちゃんとも、
たくさん
過ごしたい…！
18歳で家を出てから17年。
今年、人生で一番長い
帰省を迎える。
遠く寒いフィンランドから、
大みそかの大阪へ。

荷造り
久しぶりの日本帰国！数カ月前から「帰国したらやりたいことリスト」を作り始めた。
731個もある…。
小さなことから大きなことまで…
ばばちゃんと暮らす
地元メイツで集まる
1日中本屋で過ごす
和菓子を食べる
ショートケーキを食べる
温泉に入る
王将のぎょうざ
フィンランド暮らしで改めて実感した日本の「スキ」が詰まっている。
初めての「長期帰国」はたっぷりのお土産を抱えて気分はサンタクロース。
わーーーッ
関空ッ!!!
嬉しい日本滞在の始まりだ。

手に職
帰国後、妹の家で家族みんなで集まりパーティーをした。
お姉ちゃんにお寿司握ってほしい！
初めてみんなにふるまえたお寿司作りは楽しくて
チャチャ
おいしい！
すごい！
レストランの倒産後、お寿司を握ったのはこの日が初めて。
なくなっちゃうものじゃないんだ…！
自分の手が〝握り方〟を覚えていることにも嬉しくなった。

ばばちゃんの家で

日本滞在中、
祖母の家で暮らした。
チカちゃん…
ただいま！
チカちゃん、寂しかったよ。
元気で帰ってきてくれて
嬉しい
いつも思い出してたよ
私もばばちゃんと
会えて嬉しい…！
じいじも
喜んでるよ
じいじ、
チカちゃん
帰ってきたよ
じいじは、私が
フィンランドに発つ
1カ月前に亡くなった。

それ以来、ばばちゃんは
じいじと暮らしたこの家で
一人で暮らしている。
2階をチカちゃんの
仕事部屋にしたからね。
デスクもあるし
窓の眺めも
いいでしょう
わァ
ありがとう!
一緒にごはんを食べて、
ばばちゃん…
これおいしい…!!
嬉しい!
明日はコレ
作ってあげるね!
コープでおいしいの
見つけたのよ
テレビを見て、
フィンランドが出る
映画を録画してあるのよ。
チカちゃんに
見せようと思って…
どれだったた
かな…

この景色の中にチカちゃんが住んで頑張ってるんだって思うと、ばばちゃん涙が出たよ…

すごいなぁ。でも寂しいだろうなぁって思ってね…

ばばちゃん…

じゃあばばちゃん寝るからチカちゃんお風呂入ってきなさいね
おやすみ
おやすみ！

ちゃぽん…

……

しあわせだ…

お風呂から上がり、部屋に戻ると…
ん？何かある…
そこには剥いたリンゴとポットに入ったほうじ茶…！
ばばちゃん⁉
なんと夜食用にと、寝る前に用意して置いてくれていた…！
さらに…
デスクの下には、足元が冷えないよう座布団＋ふわふわスリッパ
ばばちゃん…
シャク…
愛が沁《し》みた夜だった

離れたことで
久しぶりに帰ってきた
地元は、輝いて見えた。
家の庭…
スーパー…
コンビニ…
カフェ…
離れることでわかる
ありがたみは、人だけでなく
「土地」にもある…！
ふと通りかかった
「ずっと昔からあるけれど
一度も入ったことのない店」。
喫茶
お母さんが
子どものころからあるけど、
誰も入ったことがないって
言ってたな…
コロナ禍を経ても続く
地元の店への興味から
思い切って入ってみると…
うまッ…!!!
おばあさんが一人で
切り盛りするカフェランチの
カツ丼が揚げたうえに
炙られていて絶品だった。
しかも五百円…！

この出会いがきっかけで、日本滞在中は幼馴染と「昔からあるのに入ったことのない店」巡りをすることに。
まずは候補を出し合う
横断歩道のカフェと…あの薬局横の焼肉屋さんもずっとある…！
何百年続いている酒蔵あるけど行ったことない！
小さな街だけど、意外とたくさん候補があった…！
そしてひとつずつ行ってみる。
カラン
ずーっとある焼肉屋さん
こんにちは
いらっしゃい！
ね…猫ちゃんがいる!!
うちの店長なの。よかったらおやつをあげてくださいね
にー
猫ちゃん専用のぞき窓から外を見てる
かわいい出会いがあったり、

次の週は地元の酒蔵ツアーへ
杉玉かわいいしお酒おいしい…
テイスティング
酒粕買って帰ろう…！
小旅行気分で地元を楽しむ
地元にこんな場所があったなんて…！近くに住んでるけど新規開拓するっていう考えがなかったな…
ほんと…昔は当たり前すぎて気づかなかったけど…素敵な街だよね
久しぶりの地元は新鮮で、幼馴染と歩く街の脇道さえとても特別で、
この裏道、学校帰りよく通ったよね。なつかし～！
いつぶり!? なつかしい～
〝遠くに行く〟だけが冒険ではないことを知った。

わからない時は
自分がこれからどうなりたいか
わからない人はどうしたら
いいんでしょうか？
会社員時代に
当時の上司に聞くと…
自分のなりたい姿や
道がわからない時こそ、
今できる目の前のことに
精一杯取り組むといい
いつか〝こうなりたい〟
という道が見つかった時に、
選べる自分であるためにね
〝未来がわからない時こそ、
起こりうる可能性に
応えられる準備をしておく〟
それは、その後も
私の人生の指針になった。

フィンランド3年目を
迎えた後…私はどんな
道を進むんだろう？
日本…？
フィンランド…？
それとも…？
…答えは、まだない。
だからこそ今は、
すべての可能性に
心を開きながら
目の前のことを
一生懸命やってみたい。
いつか行きたい道が
見えた時、飛び込める
自分であるために。
「わからない時」に進む
目の前の道は、
あの日見た
アルプスの山のように
遠くを見渡せる場所に
続いていくのかもしれない。

記憶の中で
じいじの命日の数日後、韓国人の友達きつねさんのおじいさんが亡くなった。

日本滞在中に韓国へ「会いに行くね」と約束をしていた矢先のことだった。

会いたい人には、会えるうちに会うことが大切だ。1日だったとしても、日本まで会いに行くよ
きつねさんはそう言い…

同じく大学時代からの友達で韓国人のねずみさんと二人で、ばばちゃんの家までやってきた。

いらっしゃい!

マーッ
きつねさん、ねずみさん!

お久しぶりです!

大学時代から、二人はばばちゃんとも会う仲だ。

韓国から来てくれて…
ばばちゃん嬉しい。
チカちゃんとも仲良く
してくれてありがとうね…
じいじ、さんが
来てくれたよ
僕たちも会えて
嬉しいです
じいじは最後まで
きつねさんの本を
読んでてね…*
ねずみさんの
ことも
覚えてたよ
別府で会った日が
ついこの間みたいに
感じますね
みんなで
初めて会ったのは、
もう14年前かぁ…
*自国で作家として活動している
こうして親友たちと
家族が会っていることで、
友達の記憶の中にも
私の大切な人がいて…
時が経っても一緒に
思い出すことができたのは、
とても幸せなことだと思った。

思い出
ばばちゃん、2階のふすま私が貼り替えるよ！
ボロ…
ええ！チカちゃんそんなことできるの…!?
今はシールのタイプもあるし私でもできるよ
すごいわ〜昔はじいじと二人、のりを塗って大仕事だったのよ
もうね、家のあちこち気になるけど一人じゃできないし…2階はモノが多くていつか整理しなきゃいけないと思ってたから…
壁もボロくてね…

ばばちゃん、私2階の壁漆喰《しっくい》で白く塗れるよ！
妹
マー
私も手伝う！
ええ！ すごい!! 若い人のセンスでキレイになったら嬉しいわ〜！
こうして滞在中、みんなで集まって2階の壁を塗り替えることに。
じゃあまずは家具の移動とモノの整理だね。
ばばちゃんは思った以上の思い切りのよさで断捨離をした。
これ全部いらないよ
これもリサイクルに出せるかな

そして1日で
塗り直しも完成した。
ま〜〜〜見違えたね！
すごい、嬉しい！
昨日は2階の整理を
しなきゃならないと思うと
落ち込んで早く寝たけど、
みんなが手伝ってくれて
こんなにキレイになって
嬉しいね。みんなも
泊まりに来やすいね
…この時のばばちゃんの
言葉が気になって、
みんなが帰って二人きりに
なった夜に聞いてみた。
ばばちゃん、
落ち込んでたんだね。
片付けが大変だと
思ったから？
それともじいじの
思い出が関係する？
ちょうど先日、じいじの
三回忌を終えたばかりだった。

そうなの。その両方。たくさんモノがあったから、一人で片付けなきゃとずっと思ってたからプレッシャーで…
でも実際はみんなでやればすぐだったね
断捨離は、じいじの物もあるからね。お友達は旦那さんが亡くなって1年目に整理していたけど、ばばちゃんはずっとできなかったから…
でも三回忌も迎えたし、いつかはしなきゃいけないって思ってたのよ
だけどじいじが最後にデイサービスに行っていたときのタオルと紙袋は捨てられなかったよ
いつも笑顔でそれを持って行ってたなと思い出すからね…

それでも、最後の日に
着ていたダウンは
断捨離したよ。
私が残したら
娘たちはもっと
捨てづらくなる…
だけど…まだ
ダウンにじいじの
香りが残ってるのよ…
ばばちゃんは、
そう話しながら
泣いてしまった。
ばばちゃん、
まだ家にあるから
探して残そうよ
でも…もう
誰も着ない
ものだし…
そんな大切なダウンは
絶対捨てちゃダメだよ
たくさんの袋の中から
一着のダウンを探すのは
大変だと思ったけれど…
あ！
ばばちゃんが手に取った袋の
一番上にそのダウンがあり…

じいじ…
捨てないでって
ことだったのかな…
こうして、じいじのダウンは
元の場所…
ばばちゃんの寝室へ戻った。
思い出を整理するというのは、
とても難しいことだ。
家はそこで暮らしている
人たちの思い出が
深く染みついている場所で…
断捨離もリフォームも、
物質的な便利さを求める
ことだけが正ではないことを
私は初めて学んだ。

…ちなみにばばちゃんは
その後リフォーム心に火が付き
せっかく2階が
キレイになったから…
家の外壁を
塗り替えたいの
ハァァァ…
じいじもずっと
望んでたんだけど、
私が「まだ先でいい」って
先延ばししていたから…
そう言って自ら3社に
見積もりをとり…
はい！
はい！
下見はいつでも
大丈夫です。
明日はどうですか？
思い立って数週間後には
家の色が変わった。
はっ…早いッ!!!
ばばちゃんは、思い立ったら
行動力がすごい

帰国の日
気兼ねなく
くつろげる家。
勝手のわかる
日々の暮らし。
対面で行う
仕事の会議。
親友たちとの
テンポのいい会話。
そんな当たり前の
日常の中で感じる、
ああ…私って、
こんな人だったな…
そんな実感が
「私が、私であるために」
必要だった要素を
教えてくれた気がする。

いつまでも
「本当の自分じゃない」と
思い続けるんじゃなくて…
これからは…
「私が私であるために
必要なこと」を、
自分の手で作る番だね
そんな新しい決意を胸に
久しぶりに降り立った
ヘルシンキの街は
やっぱり心底美しくて…
わァア…トラムだァ…!!
走るトラムを見るだけで涙
じっ…自分のアパートから
フィンランドの香りがする!!
わなななっ
自分の家の香りって
普段分かんないよね…
「ただいま」と言える家が
フィンランドにあることを、
強く実感した帰国日だった。

フィンランドの人たちに、
私の本を楽しんでもらえる可能性が
あるかもしれない。

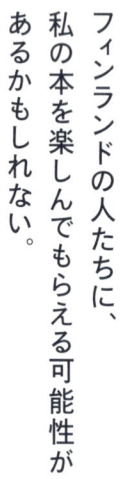

根を張ること

フィンランド語訳
ある日フィンランド人の友達からメールが。
チカの漫画がフィンランド語に翻訳されてるよ！
それは野生の漫画翻訳者さんによって翻訳された『北欧こじらせ日記』の冒頭ページで…！
フィンランド国内でたくさんアクセスされてるみたい
たくさんのフィンランドの方々がコメントを残してくれていた。
温かいコメントの数々に驚き…
遠い日本でフィンランドを想いシナモンロールを焼く人がいることが嬉しい
これは私の心を温めました

この本が欲しい！
今は日本語しかないみたい
これを出版すべき！
フィンランドの人たちに私の本を楽しんでもらえる可能性があるんだ…！
そんな声は、私にとって予想外の驚きで…
例のごとくすぐにフィンランドの出版社にメールを送ったけれど
返事なし…
ですよね…
そう簡単なことではない。
出版社経由がダメなら…
ぐっ
自分で本を作ってみよう！
こうして、私の新しいプロジェクトが始まった。

北欧こじらせ日記
「フィンランドでも私であるために」この国の社会とつながる手法に
お寿司だけじゃなかったんだ…
「本」という可能性があることを知った私。
編集のふじさんに許可を得て、自分の100%が詰まった『北欧こじらせ日記』のフィンランド版を自作することに。
応援していますッ
ぐっ
人生を丸っと応援して下さる方々に恵まれたことにも感謝した。
ネットで翻訳してくれた野生の翻訳者さんに連絡を試みたけれど
しーん…
返事なし…
コンタクトが取れず、イチから翻訳者さんを探すことになった。

そこで出会ったのが、漫画家仲間が教えてくれた日本の国民的漫画や小説を担当するベテランフィンランド人翻訳家だ。
個人出版でも引き受けて下さるかな…
タタタ
ダメ元で依頼をすると
もちろんいいですよ!
僕もおもしろいことがしたかったんです
そう笑って引き受けて下さった。
それからの翻訳・製本の道のりは日本とフィンランドそれぞれの文化を知る新しい冒険だった。
漫画を右から左に読むのは日本ならではなので、説明文を入れるのがよいですね
注意!
知らない人は逆から本を開くので、この説明をページの最後に入れます

そういえば前にネットで「なぜレンジでシナモンロールが焼けるの？」というコメントが付きました
フィンランドの人から…
フィンランドではオーブン機能付きの電子レンジがあまりないから、ただレンジで温めているだけに見えるんですね。注釈を入れましょうか！
タイトルの「こじらせ」は「フリーッキ」というフィンランド語にするのはどうですか？
"FRIIKKI"
「オタク」という意味で、日本同様ネガティブなニュアンスも含みますが、チカさんの本にはフィットすると思います
こうして私の初めてのフィンランド語の本が完成し、
できたっ
フィンランドでの新しい本の旅が始まった。

一夜漬けサバイバル英会話

ある日、1通の英語のメールが私の元に届いた。「あなたを取材したいのですが、直近でお時間ありますか?」何度もメールを見直したけれど、間違いない。差出人は、フィンランドの国営テレビ局だった。私の英語はまだまだ中級レベル…それでも一人で取材を受けると決められたのは、移住を目指してから身につけた「サバイバル英会話」のおかげだ。質問リストが届いたのは取材前日！ 24時間で取材に対応できる英語をなんとか身につけなければ！ 気持ちはまるで、フィンランドのお寿司屋さんから「明日面接しよう」と言われた日と同じだった。

3つの準備で、緊張で全てがすっ飛んでも「手元には全て情報があります！」という状況を作って取材を乗り切った。「どうやって私のことを知ったんですか?」と聞くと、カメラマンの女性が「実はあなたの作品のテレビドラマを1話見たの。それで本を知るうちにあなたが今フィンランドに暮らしていることがわかってね。すぐにジャーナリストに取材すべきよ！ と伝えたの」と教えてくれた。ヘルシンキの小さなアパートでひとり漫画を描いていた私を見つけてくれたきっかけは、他でもない、この『北欧こじらせ日記』だった。

準備1 シナリオ作成

質問に沿って日本語で回答を作成し、英語に翻訳する。万が一伝わらない時には、それを見てもらえるように念の為印刷もした。

準備2 パワポ作成

「百聞は一見にしかず」。長く言葉を紡ぐよりも、写真1枚を見てもらう方が早い時も多い。質問リストに沿って、伝えたい事柄に関連する写真を集めたパワポを作った。

準備3 声に出して読む

作った英文を声に出して練習する。パールのネックレスのように繋がっていなくとも、パールだけは手元に持っておく…そんな気持ちで、完璧に覚えられなくても要所要所理解ができれば大丈夫と自分に言い聞かせた。

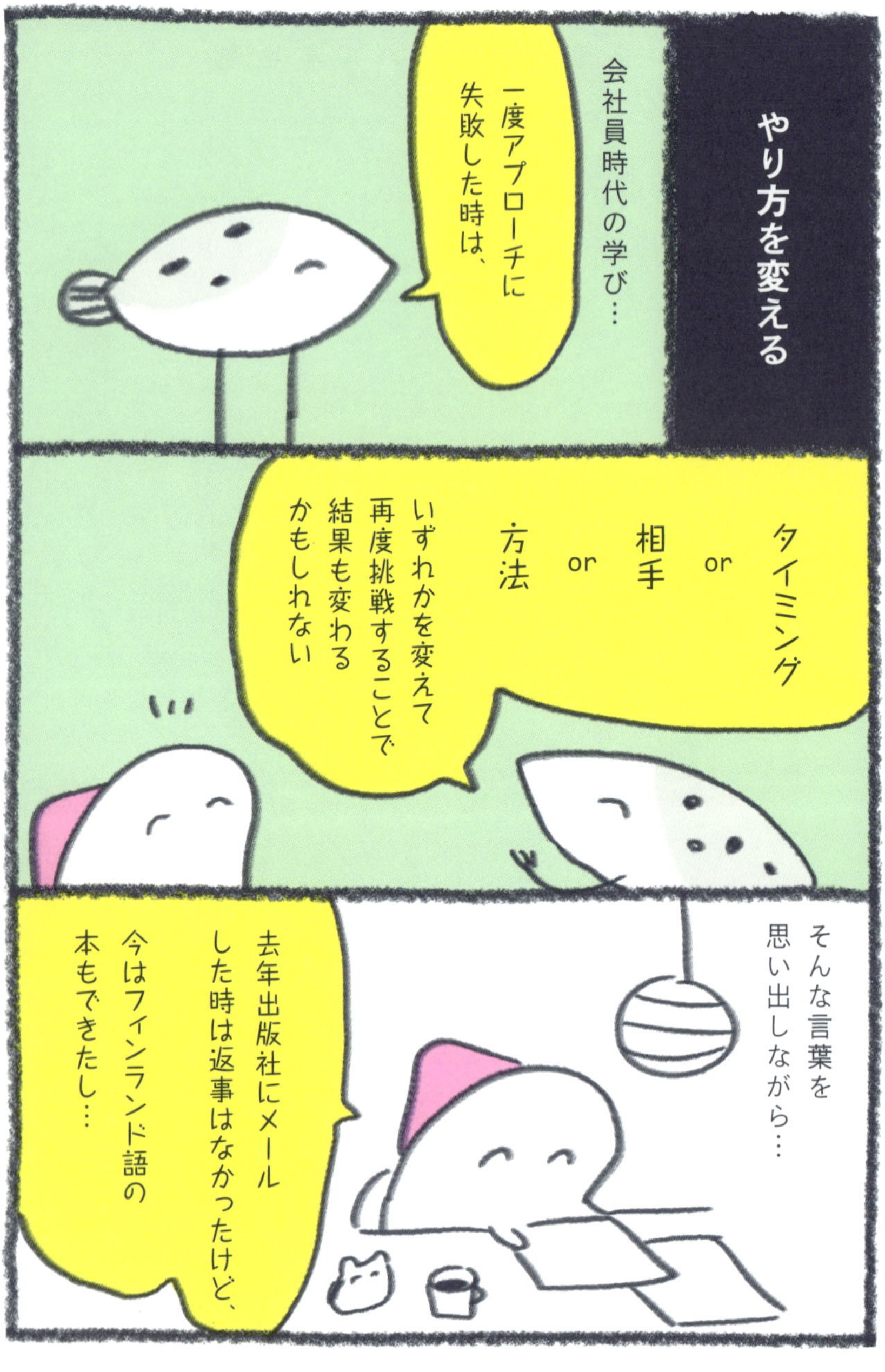
やり方を変える
会社員時代の学び…
一度アプローチに失敗した時は、
タイミング or 相手 or 方法
いずれかを変えて再度挑戦することで結果も変わるかもしれない
そんな言葉を思い出しながら…
去年出版社にメールした時は返事はなかったけど、今はフィンランド語の本もできたし…

直接行ってみよう!!

出版社
…と、できたての本とフィンランド語の手紙、名刺を持って国内最大手の出版社へ持ち込み。

しかし、結果はNG。

でも今回はちゃんと担当の部署の方が読んでくれて、フィードバックをもらえた…！

進歩…！

移住前は言葉の不安もあったし…こんなふうに企業に飛び込める日が来るとは思わなかったな…

そんな変化が感じられたことは、失敗の中の成功だ。

営業活動
さて…次は
どうしようか…
本はできたけれど、
イベント出店以外で
どう知ってもらえるか
わからない…!!
漫画家友達に相談すると
漫画を実店舗&ネットで
販売しているお店があるよ!
私の本もそこに置いてもらってる!
わっ! ありがとう。
連絡してみる!!
ということで早速
メールで連絡してみたが…
返事がない…
ダメなのか…?
それともメールを
見ていないだけ…?
再度メールすると
ようやく数週間後に
返事があったが、
再び返事がなくなった…

フィンランドでは
電話か対面の方が
話が進むかもね…
営業活動は
時にッ…
そうから〜
そうだよね〜
デジタル化社会でも、
メールだけでは
進みにくい事柄がある。
ということで…
少し遠いけど…
本屋さんに直接
行ってみよう!!
ヘルシンキからバスで
2時間半のお店まで
直談判しに行くことに。
お店が見えたときは
緊張して色々な考えが
頭に浮かんだけれど…
急に来て迷惑かな…
押し強すぎかな…
オロ
わざとメール無視
されてるとしたら
歓迎されないだろな…
早く行きなよ

いや…でも…！
待ち続けて結果が
わからずモヤモヤ
するよりも…
えいやッ
無理なら無理って
わかったほうが
次に行ける!!
そう思って飛び込んだ
本屋さんでは、店員さんが
優しく受け入れて下さり…
ああ！ チカ！
ちょっと待ってね。
オーナーにもチャットするね。
あ、OKだって！
何冊ある？
早
その場でスルスルと
店舗&ネットでの
取り扱いも決まった。
もっと必要になったら
また連絡するね
ありがとうございますッ
店員さんにオススメの
フィンランドのマンガを
教わって購入
非対面のコミュニケーション
でなく〝顔を合わせて
直接交渉する〟ことの
大切さを改めて実感した。

その後、同じ街でもう1カ所訪ねたかった場所へ足を運んだ。

よし…！

cosmic comic cafe
コミックバー…以前旅人としてこの街を訪れた時に、いつかこのお店に自分の本が置かれる日を夢見ていた。

あっ…あの…！私は日本人の漫画家で…こんな本を作っているのですが…

あなたのお店の本棚に置いていただくことはできますか…!?

わお!! もちろんだよ！よかったら本と店の壁にサインを書いてよ。うちの店の壁にはいろんなアーティストのサインがあるんだ
いいんですか!?

…というまさかのオーナーさんのご好意…!!

こうして前来た時は
お客さんとして
フィンランドの漫画を
読んだバーに
次は自分の本が加わった。
店のハンコ押すね
はわわわ
夢みたいだ…!!
翌月…本屋さんから
写真付きのメールが届いた。
今月のベストセラー!
1 2 3 4 5
SUOMI FRIIKIN PÄIVÄKIRJA
SUOMI FRIIKIN PÄIVÄKIRJA
BLACKSAD
えぇッ!?
50冊ずつ追加できる?
またたのむと思う!
はいっ!
あの日の訪問がきっかけで、
初めてフィンランドで
「ビジネスパートナー」ができ、
自分の本を売ることができた。

公共貸与権
その後も漫画家仲間が様々なアイデアで手助けしてくれた。
チカちゃん。チカちゃんの本、図書館にも置いてもらえると思う!!
図書館…!! 考えたことなかった!!
ふふ…
このフォームから申し込むんだよ。図書館側が買い取りを決めたら連絡が来るはず
わァア…ありがとうッ
しかも最初の買い取りだけじゃなく、図書館で借りられる度に作家にも報酬が支払われるよ
公共貸与権、日本はまだ無いよね
そうなんだ!
こうして私の本はフィンランドの図書館にも並び始めた。

本が読める場所

漫画専門店

フィンランドのトゥルクという街にある漫画専門店で、国内を中心にアメリカや日本など様々な種類の漫画やコミックを取り扱っている。

Turun Sarjakuvakauppa
トゥルン・サルヤクバカウッパ

コミックバー

こちらもトゥルクの街にあるコミックが読めるバー&カフェで、店主自慢のクラフトビールがおすすめ。バーカウンターの端にはフィンランド国内を中心としたコミックの本棚が置かれていて、自由に読書を楽しめる。ボードゲームの貸し出しもある。

フィンランドの図書館

国内のいくつかの図書館でも貸し出しがスタートした。貸し出し&予約待ちでなければ、図書館の中で本を読むこともできる。フィンランド首都圏（ヘルシンキ、エスポー、カウニアイネン、ヴァンター）の公共図書館システム「HELMET.fi」でも、蔵書の在庫や予約状況を検索することができる。

Cosmic Comic Café
コズミック・コミック・カフェ

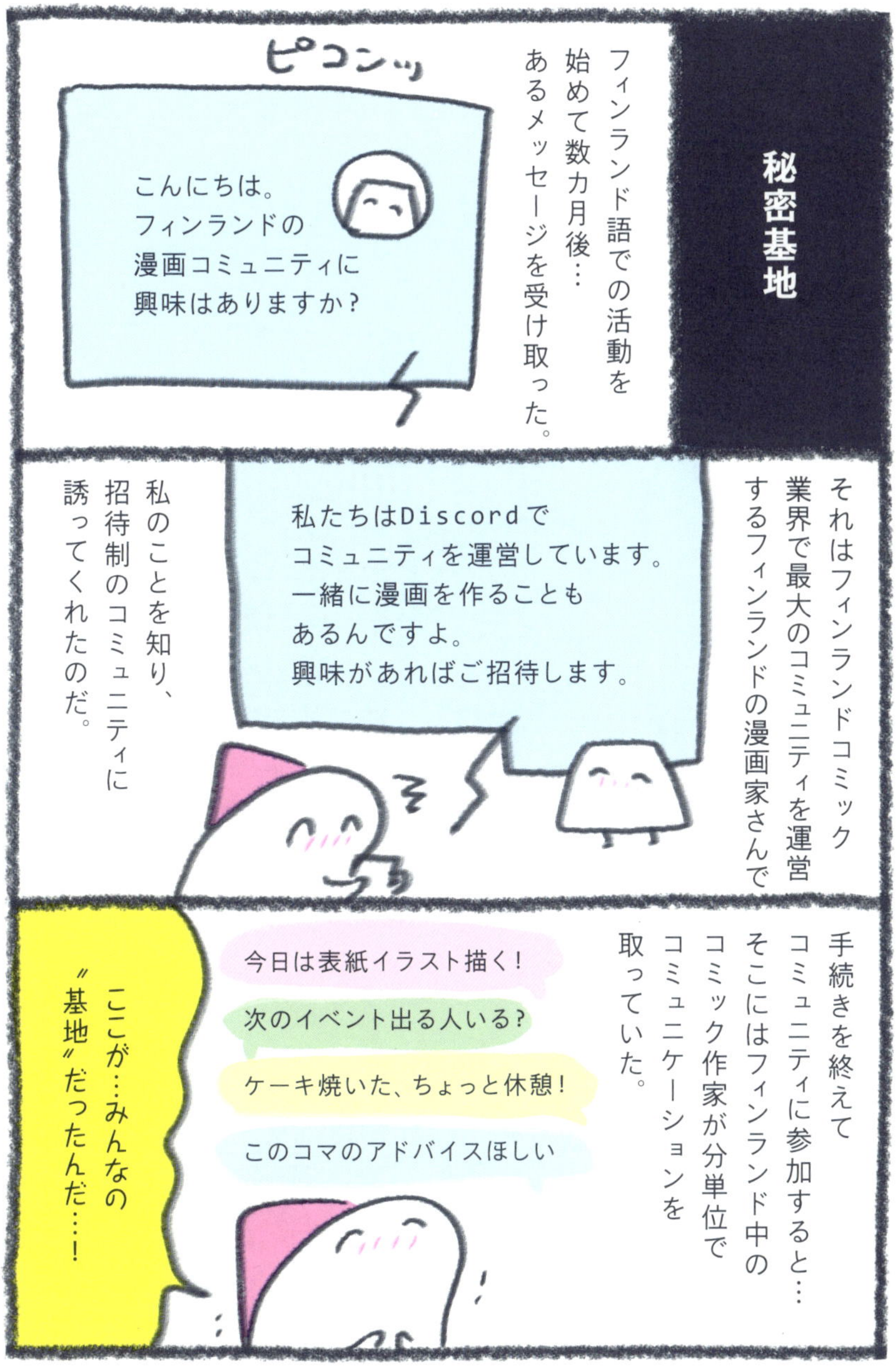
秘密基地
フィンランド語での活動を始めて数カ月後…あるメッセージを受け取った。
ピコンッ
こんにちは。フィンランドの漫画コミュニティに興味はありますか？
それはフィンランドコミック業界で最大のコミュニティを運営するフィンランドの漫画家さんで
私たちはDiscordでコミュニティを運営しています。一緒に漫画を作ることもあるんですよ。興味があればご招待します。
私のことを知り、招待制のコミュニティに誘ってくれたのだ。
手続きを終えてコミュニティに参加すると…
そこにはフィンランド中のコミック作家が分単位でコミュニケーションを取っていた。
今日は表紙イラスト描く！
次のイベント出る人いる？
ケーキ焼いた、ちょっと休憩！
このコマのアドバイスほしい
ここが…みんなの〝基地〟だったんだ…！

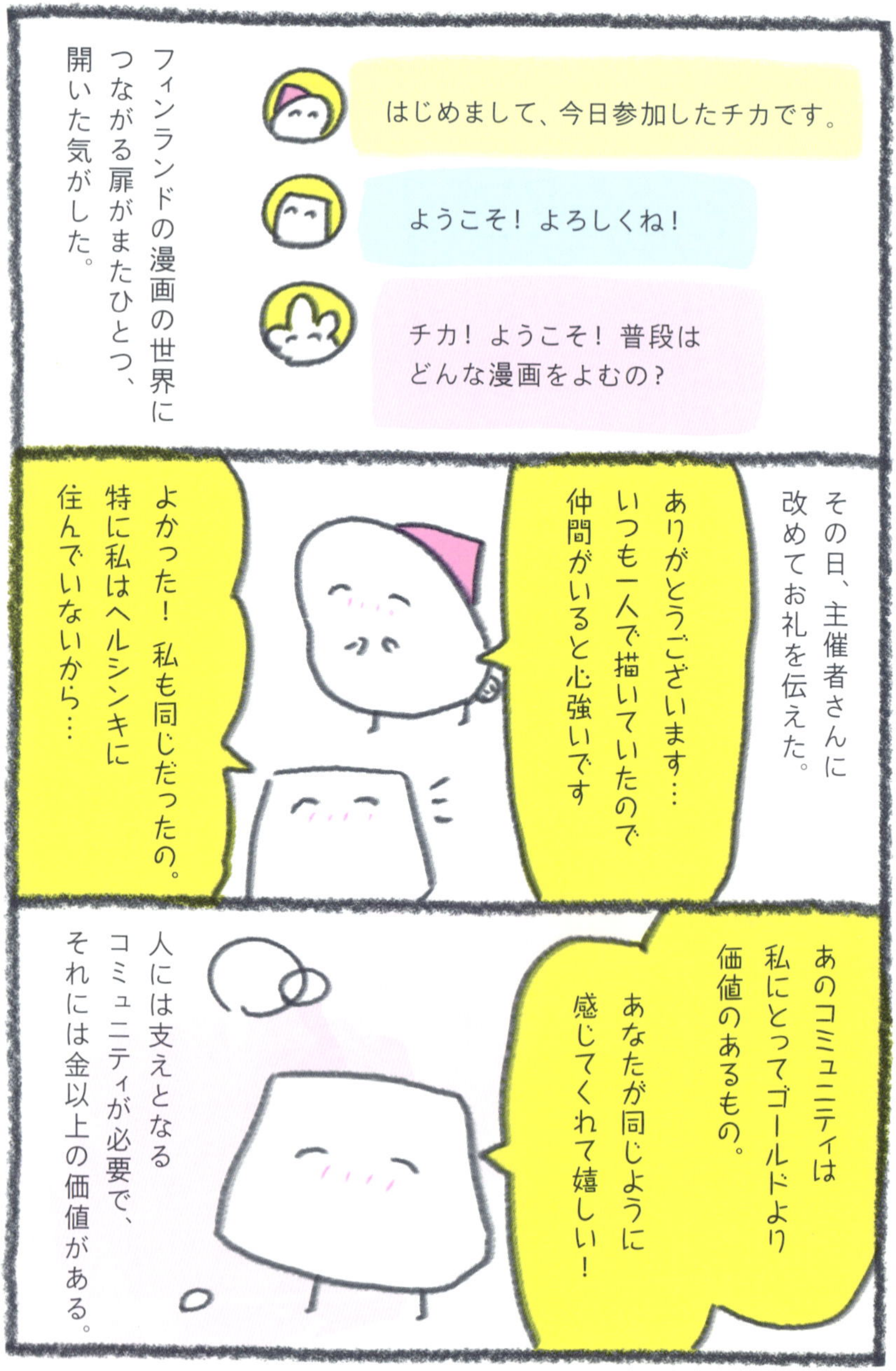

フィンランドの漫画の世界につながる扉がまたひとつ、開いた気がした。
はじめまして、今日参加したチカです。
ようこそ！ よろしくね！
チカ！ ようこそ！ 普段はどんな漫画をよむの？
その日、主催者さんに改めてお礼を伝えた。
ありがとうございます…いつも一人で描いていたので仲間がいると心強いです
よかった！ 私も同じだったの。特に私はヘルシンキに住んでいないから…
あのコミュニティは私にとってゴールドより価値のあるもの。
あなたが同じように感じてくれて嬉しい！
人には支えとなるコミュニティが必要で、それには金以上の価値がある。

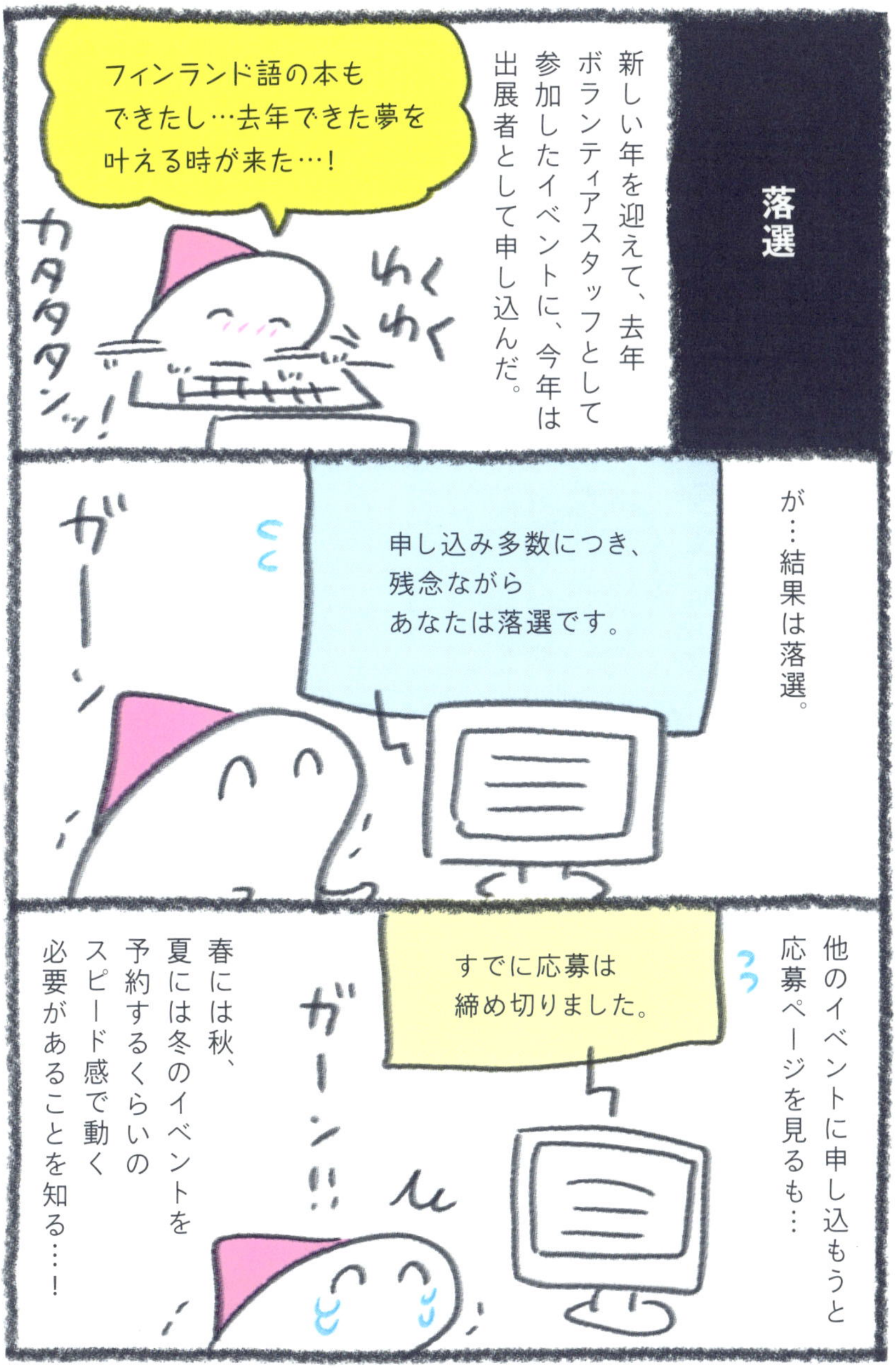
落選
新しい年を迎えて、去年
ボランティアスタッフとして
参加したイベントに、今年は
出展者として申し込んだ。
フィンランド語の本も
できたし…去年できた夢を
叶える時が来た…！
わくわく
カタタタタンッ！
が…結果は落選。
申し込み多数につき、
残念ながら
あなたは落選です。
ガーン
他のイベントに申し込もうと
応募ページを見るも…
すでに応募は
締め切りました。
ガーン!!
春には秋、
夏には冬のイベントを
予約するくらいの
スピード感で動く
必要があることを知る…！

フィンランドの漫画家仲間に伝えると…

あるあるだよ…!! 私も取れなかった。初めての応募は優先されるかと思ったけど残念だったね…

取れないこと多いからいくつもイベントを早くチェックしないといけないんだよね…

あ…!! チカちゃん、よかったら別のイベントで私のテーブル取れたから一緒に出ない…!? 出展スペースも大きいし、十分チカちゃんの本を置くこともできる!!

ラズンッ
エッ!? いいの!?

神、現る…!!!

こうしてフィンランドで初めてのイベント出展が叶うことに…!!

一緒に出る友達もOKだって! 来週カフェで顔合わせと準備のミーティングしよ!

本当にありがとう…!

私にできることがあれば何でも言ってね…

翌週のカフェにて…
二人も10年前に私がルーネベリタルトさんと会ったのと同じイベントで出会ったんだね
そうだよ！私がお客さんで、彼女に声かけたの
それからずっとイベント出る時はペアで出てるんだ。一人よりかなり楽になるしね
ふふ…
ルーネベリタルトさんがチカに出会った日ね、彼女から興奮気味に連絡が来たんだよ
ラズベリー!! あなたにぴったりの日本人見つかった!! 今日、日本人の漫画家に会った!!
べり〜!!
※2人共日本での留学経験あり！
そ…そうだったの…!?
皆をつないでくれたのが同じイベントだったなんてね
イベントに感謝だね
知り合えたことを喜んでくれる出会いに恵まれたことが、とても嬉しかった。

5

日本で「自分を自分たらしめていた」大切な要素。
その一つひとつに光を当てて、
今いる場所で、少しずつ集めていこう。

私を私にしていたもの

カウスティネン
民族音楽祭
新卒で入社した北欧音楽
会社で聞いたことがあった。
フィンランドには
小さな村で開かれる
民族音楽祭があって
1週間にわたって
朝から夜まで世界中から
集まったアーティストが
音楽を奏でるんだ
木の下や自然の中に
ステージがあって
北欧音楽に合わせて
手を取り合ってダンスし
参加者は自分でテントを
持参して寝たりするんだ
へえ…
そんなフェスを知った
当時の私は…
そんな天国みたいな
フェスがあるんですね…
…と、遠い国のおとぎ話を
聞いたように感じていた。

そして13年後…
ここが…
カウスティネン
民族音楽祭…！
私はついに、そのおとぎ話のフェス会場にたどり着いた。
この1週間で、人口5000人の村に5万人近くが訪れる。しかし村にはホテルがなく
ホームステイプログラム
村の住人たちが自分たちの自宅や庭（テント用）を滞在者に開放して世界中からの客をもてなしていた。
ウェルカム！
他にも近隣町へのバス運行がある。
私も村の家族の家に滞在し、連日フェスに参加することにした。
ここがお世話になる
ホストファミリーの家か…

いらっしゃい！
わっ…!? そっち…!?
なぜかホストファミリーが家の脇のトレーラーハウスから出て来た。
フェスの間は家をゲストに使ってもらって、私たちはトレーラーハウスに住むの。私たち家族にとっても特別な1週間なのよ！
家の中案内するね！
そうだったんですね
自分の家のように過ごしてね！
他にもゲストが2組と…庭にテントをはっているゲストが1組いるわよ
彼らもキッチンやトイレ・シャワーは中のを使うからね
テント泊も本当にあったんだ…！

荷物を置いたら早速フェス会場へ…

朝10時から深夜2時半まで…プログラムが今日1日だけで193個ある…!!

コンサート、ワークショップ、屋台に子供向けイベントまで信じられないプログラム数!

そして私には密かな目標が…

北欧の…フォークダンスを踊れるようになりたいッ…!!

フェスのフィナーレでは全員でフォークダンスを踊るステージもあり、ダンスを教わるワークショップも連日開催されている。

なのでフェス会場で私が最初に行ったことは…

あのっ…超初心者でも参加できるダンスレッスンのワークショップはありますか…!?

超・超初心者ですッ
ありますよ!これは英語で…

インフォメーションデスクで私にも参加できるダンスワークショップの確認だった

フェスティバルの1日

コンサート

フェスティバル内には野外のメインステージや、屋内のコンサートホール、木の下のステージ、コンテナ車につながったステージ、焚き火を囲んだステージまで、大小様々な合計19のエリアがあり、それぞれで個性的なステージやワークショップが行われる。

ショップや屋台

地元の名産品や手工芸のショップや、フォーク音楽のCDや民族楽器を売るショップ、中にはフィドル（ヴァイオリン）もあった。食事は屋内のカフェテリアで日替わりのビュッフェスタイルランチを食べる他に、屋台でグリルサーモン、ハンバーガー、クレープやタコスなどを楽しむこともできる。

フィンランド風クレープ

ミュージアムツアー

併設された小さな音楽ミュージアムでは、連日英語でのミュージアムツアーも開催されていた。カウスティネンの村や、この村のフィドル演奏がユネスコ無形文化遺産に登録されるまでの歴史を学ぶことができる。個人的に感動したのは、ミュージアムに「誰でも弾いてよいフィドル」が用意されていたこと！弾き方ガイドの動画を再生しながら基礎を学ぶこともできる。

ダンスワークショップ

フィンランドのフォークダンスだけでなく、タンゴやワルツなど初心者向けから上級者向けまで様々な種類のダンスワークショップが開催されている。私が参加したのは地元に伝わるフィンランドのフォークダンスレッスンで、基本のステップや音楽へのノリ方を教えてもらった。

ミュージアムで自由に弾けるフィドル

怯《おび》えアサリ
最終日…フェスティバル
終了の3時間前。
私は涙を流していた。
私…いつの間に
こんな臆病に
なっちゃったんだろう
心を開いて楽しむまで
3日もかかった。
あと3時間で
フェスが終わるのに…
その涙は、悔し涙だった。

少し前、フィンランドのオウルという街で2週連続同じショッピングモール内で移民が刺されるという事件が起こった。
NEWS
幸い被害者の命に別状はなかったけれど、そのニュースを見てからはやっぱり私も落ち込んでしまった。
国内でも大きく批判が起こり、稀な事件であるとわかっていても、
まるで自分自身が疎まれる存在であるような気持ちになった。
〝大好きな場所に住まわせていただいている身だから、第一に快適を受け取るのはこの国の人であってほしい〟
移住当初から持っていた気持ちに拍車がかかり、何をするにもますます「他者優先」になった。

フェスティバルで心を開くのに3日かかった理由も、それが背景だった。
私なんかがいていいのだろうか…
私のことが視界に入るだけで嫌な気持ちになる人がいるかもしれない
どうか私に構わず楽しんで下さい…！
実はフェス会場では懐かしい顔を何人も見かけた。
わっ…!! 北欧音楽会社で日本ツアーを担当したアーティストだ!!
えっ…あの人、10年以上前からの知り合いに似てる…
しかし…
でも…私なんかに話しかけられてもな…
やめておこう…
ど…どうしちゃったの…!?
こんな状態になっていることに、私自身も驚いた。

今までの私なら迷わず声をかけていたのに…

本当にどうしちゃったんだろう…

ひもちゃんとご当地グルメは食べる
私はこの時初めて、変わってしまった自分を自覚した。

私はまるで目を強く瞑《つぶ》って殻を開けられないよう力むアサリのよう…！

ギュウウウウウッ
絶対にあけないッ!!!

自分は楽しむに値しない。

（チケットは買ってるけど）

入れてもらってすみません…

オロロロロ
そんな怯えアサリのメンタリティで参加したフェス…私には音楽も楽しみも素直に受け取る心の余地はなかった。

北欧のフォークダンスワークショップ

フェスティバルに一人で参加した私には「フォークダンスを学んで踊る」という密かな目標があった。けれどフォークダンスは誰かとペアにならなければならない。実際ワークショップでは、ランダムに踊りながら何人もの相手と入れ替わり立ち替わりダンスするシーンがあった。ワークショップに参加していたアジア人は見渡したところ私だけだ。

怯えるアサリの私はもちろん、不安な気持ちで踊り始めるのだけれど、実際には多くの人が踊ることを提案してくれて、目が合えば手を取り合い、シャイに微笑み合いながら曲に合わせて手をつなぎ踊り回った。

全員の顔色を窺いつつも踊り終える中で、唯一なんとなく距離を感じていた参加者の女性が、ワークショップの終わりに私のところまで来て「あなたの服が好き！すごく似合ってるわ！フェス楽しんでね！」と声をかけてくれて去っていった。

その瞬間「ああ、自分の思い込みや直感なんて、本当に当てにならない」と思った。必要以上に怯えて、疑心暗鬼になって、思い込んで、距離を置く…そんな状況をたった一人で作り出していたことが申し訳なく、そして心底馬鹿らしく思えた。わざわざ声をかけてくださったショートカットのフィンランド人

女性の笑顔が今も目に浮かぶ。疑ってごめんなさい…「私はもっと人を信じて生きていこう」そう感じたワークショップだった。

フォークダンス豆知識

結婚式やフェスティバル、地域の伝統的なイベントで踊られることが多く、コミュニティや家族とのつながりを深める大切な文化。
「昔の結婚式では、朝方まで踊りっぱなしだったのよ！」と先生。
地域によってステップが異なるけれど
「細かいことは気にしないこと！ ルールが多すぎても楽しめないでしょ！」と、
全員で手を取り合って大きな円を作り、
演奏する人を取り囲んでグルグルと回りながらダンスをした。
途中、誰かが大きな足踏みをしたら、それを合図に
ステップの速さや、回る方向を変えて楽しむ。

ヘルシーな貢献感
「自分がここにいることが
申し訳ない」
実は、そういう気持ちに
なるのは今回が初めて
ではない。
日本、中国、
そして今回はフィンランド。
人生の中で何度も
経験した感情だった。
振り返ってみると、
そのどれもが
「周りへの貢献感」を
感じられない時に起こる。

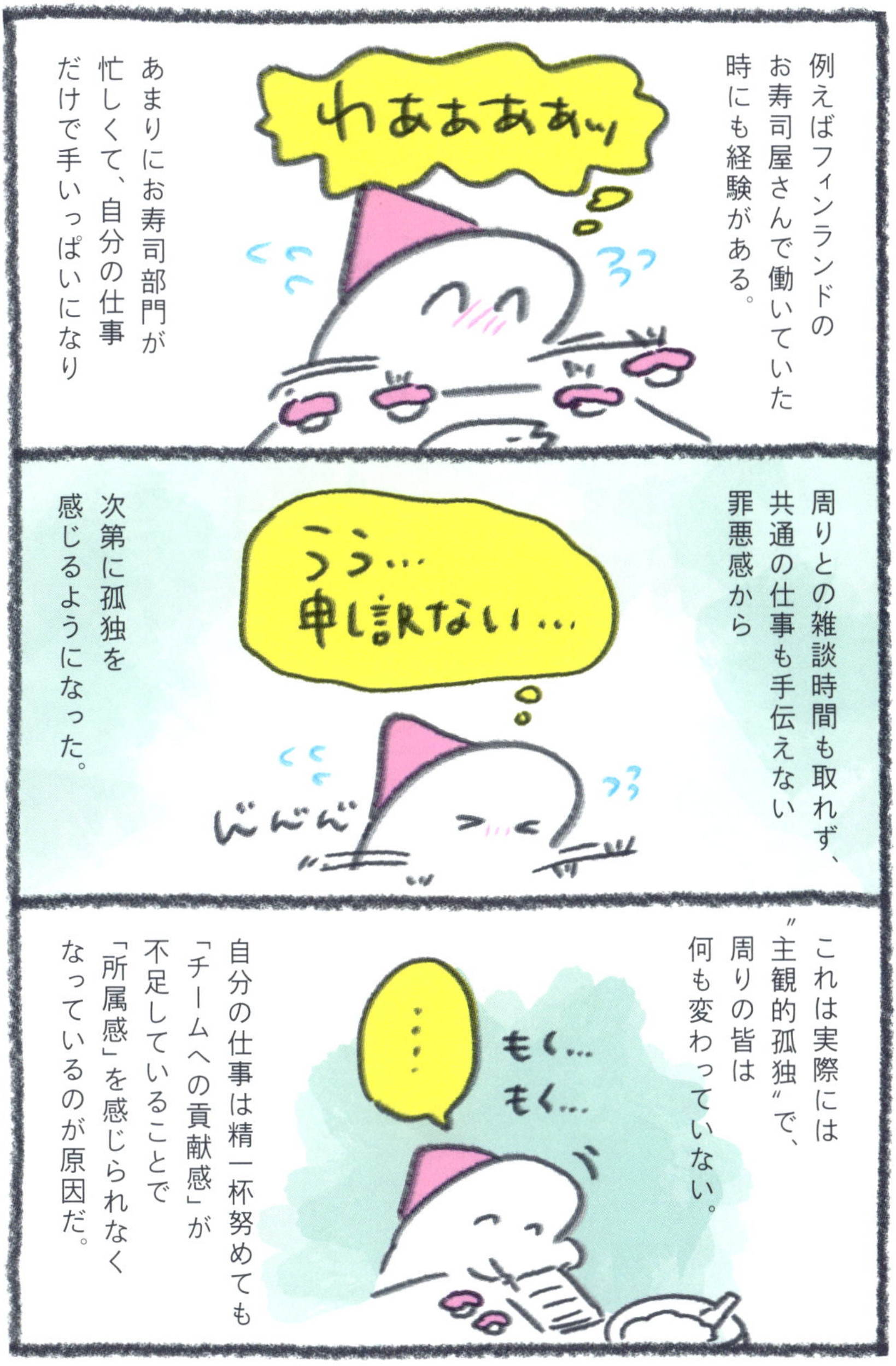
例えばフィンランドのお寿司屋さんで働いていた時にも経験がある。
わああああっ
あまりにお寿司部門が忙しくて、自分の仕事だけで手いっぱいになり
周りとの雑談時間も取れず、共通の仕事も手伝えない罪悪感から
うう…
申し訳ない…
じんじん
次第に孤独を感じるようになった。
これは実際には〝主観的孤独〟で、周りの皆は何も変わっていない。
…
もく…
もく…
自分の仕事は精一杯努めても「チームへの貢献感」が不足していることで「所属感」を感じられなくなっているのが原因だ。

自分の性格上、
「このコミュニティの役に立っている」という実感が持てないと
私なんて必要ない存在なんだァッ
みゃ
極端ッ
…という負のループに入ってしまうことがある。
さらに厄介なのが、「私にできるのはこれしかない」と、役に立つ基準を
もっと働かなきゃ（労働時間）
もっと成果出さなきゃ
わななッ
…など、長期的に持続しにくい自己犠牲の方向に置いてしまうこと。
そうやって身を削ることが「チームへの貢献」だと思い込んでしまい、
目標達成できない自分なんて価値ない…
みゃん
スーッ
日本や中国での会社員時代にも失敗した経験があったのだ。

けれどそんな時、チームの仲間が教えてくれた。
チカちゃん…チカちゃんの成果がどうとか関係なく
努力する姿勢そのものに影響を受けている人がたくさんチームにいるんだよ！
ペン
そうだよ。チカに頼られるだけで嬉しい！
毎朝笑顔であいさつしてくれて嬉しい！
トラブル対応で真摯に電話してて励まされた
質問したら嫌な顔せず絶対答えてくれる！
えっ…!! そんなことでいいの…!?
そうだよ!!!
そうなんです!!! こんな事でよかったんです…!!!
ポロロ

そして、そんな
「小さな貢献」は必ずしも
誰かに気づいていて
もらえなくてもいい。
レストランで一番早く出勤し、
スタッフ用のコーヒーマシンの
準備をする
ジュッ
今日も少しでも
みんなのために
何かできた
そんなふうに
自分が思えることが大切で、
〝自分はコミュニティの
役に立っている〟
その実感が、所属感や
安心感を作っていく。
身を削る必要はない。
軽やかな優しさでできる
〝ヘルシーな貢献〟を
積み重ねることで
私もみんなも
お互いのことを
信じられる
疑心暗鬼な気持ちは
薄れていくものだ。

こんなふうに過去に
様々なマイナスの感情を
経験することのよさは、
あ…これは
〝あのパターン〟だな
と自覚できること
かもしれない。
もしそうでなければ、
きっと今の環境（フィンランドにいること）だけを問題にして
しまっていたかもしれない。
自分ではない誰かの
小さな疑いの種まで
自分の暮らしに植え付けて
本当は目の前にある
大きな優しさすらも
暗く覆い隠して
しまったかもしれない。
けれど、そうではないことを
過去の経験が教えてくれる。
日本でも、
中国でも、
そしてやっぱり
フィンランドに
いたとしても。
どこにいても、
こんな気持ちに
なることがある。

〝リアリティのある
ヘルシーな貢献感〟
それは起業して
働き方を考えた中で
改めて辿り着いた
〝私が私であるため〟に
必要不可欠な〝要素〟。
一人で働き始めて、
静かに失ってしまった
コミュニティとの接点と、
小さな貢献感。
何度学んで…
何度忘れてしまっても、
気付いたその日が
最短のスタートラインだ。
小さな貢献でいい。
そして自己満足でもいい。
これからは、
それをないがしろにせず…
自ら場を作って実感できる
暮らしにしよう。

［キャリアのはなし③］悲しみを「底打ちさせる」

一人で働き始めてから、会社員時代に学んだことに助けられる日が多くある。その中のひとつが「レジリエンス」で、この教えなしには乗り越えられない時期が幾度もあった。ストレングスが個人の持つ強みやスキルであるのに対し、レジリエンスは困難や失敗から立ち直る「回復力や適応力」を指す。「ストレスフルな場面に対応するとき、ストレングスを発揮するだけでなく、実はレジリエンスに着目して鍛えることも同じくらい大切なんです」と、人事の先輩が教えてくれた。

そこで教わったのが「底打ちさせる」という概念だった。

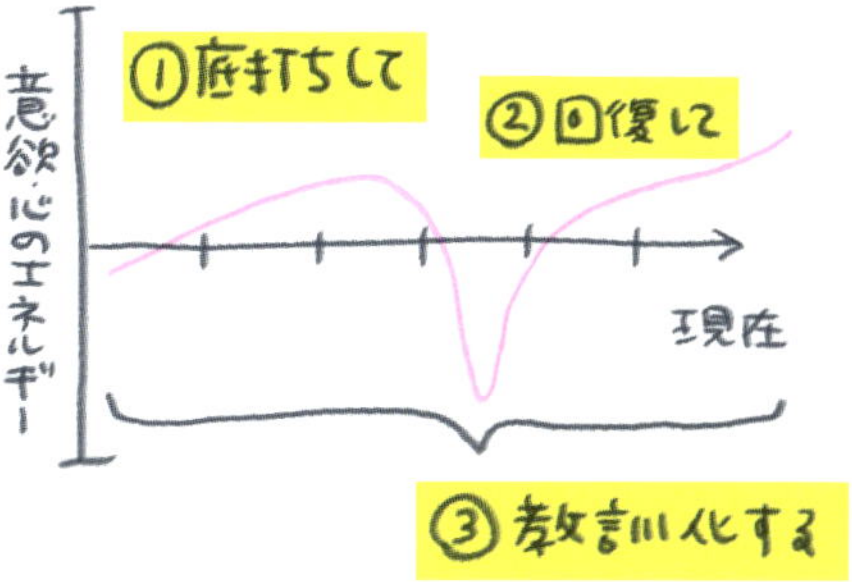

人は困難な状況や逆境に直面したとき、ストレスや絶望感で一時的に最悪の状態〝底〟に達する。モチベーションやエネルギーは低下し、まるで暗い深海へ沈んだような気持ちになる。けれど、海にも必ず「底」があるように、あらゆる負の感情にも必ず「底」という終わりがある。最も暗いその場所で、確かに自分の足が底を感じた「底打ち」の瞬間は、同時に最悪の状態からの回復プロセスが始まる瞬間でもある。

「自分は〝底〟に到達した」その自覚を持てるかどうかが、とても大事なのだと先輩は言った。自分が底に達していることを認識できず、必要以上に長い間ストレスや絶望感を抱え続けることがあるためだ。

そんな教えが「ああ、私は今は底に到達したな。これ以上沈んでも先はない。十分沈んだし、ゆっくりと海面を目指そう。

力を入れずとも身体が水に浮かぶように、回復を努力するのではなく、ただ力を抜いて浮上しよう」という風に、「悩みを底打ちさせる」というレジリエンスを与えてくれた。

落ち込まないことは不可能で、落ち込まないようにすることも逆効果だ。それよりも心に沿ってちゃんと落ち込み、最悪の底まで到達し、地面を感じたら浮上する。いつまでも底で沈み続けることなく、「底打ちさせる」というプロセスの意識を持つことが、私が幾度も救われたレジリエンスだった。

底打ちの森

頼れる人が少ない場所で生きる時、レジリエンスは大きな味方になってくれた。

ある日森を歩いている最中「また同じことを思い出して落ち込んでいるけれど、私はもう底に到達しているよな」と自覚して、「これ以上下がることはない。周りに助言を求めながら、ここからは回復を目指そう」と決めた。そしてその森を「底打ちの森」と名付け、「これ以上また悩みたいなら、この森に来て悩みましょう！」と自分にルールを課した。底打ちした後も、悩みが思考を乗っ取る日もあるけれど、幸いその森はヘルシンキから数百キロも離れた旅先の森。ヘルシンキの自宅で再び悩みそうになった時には「じゃあ…今からその森まで行きますか？」と自分に問い、面倒臭さが勝って思考を断念する…という繰り返しを経て、今ではその悩みを思い出したとしても、当時のように心が痛むこともなくなった。

悲しみの置きバー

レストランでの接客業は「感情労働」でもあり、感情的な疲れを伴う日もある。そんな疲れた日には、決まって家に帰る前にヘルシンキ駅近くの深夜まで営業しているバーへ寄り道した。私はそのバーを「悲しみの置きバー」と名付け、軽いストレスであればビールを1杯飲む間に底打ちさせて、自宅には感情を持ち帰らないよう心がけていた。

Restaurant Bierhaus München

ヘルシンキ駅のホームに隣接するバー。ドイツビールを中心にフィンランドの珍しい地ビールも揃う。平日は0時、金土は2時まで営業している。あまり混雑もしていないので、乗る予定の電車を1本見送って、次の電車を待つ間に一人で静かに考え事をするのにはもってこいのバーだった。

音楽のサウナ
フェスティバルの最終日の夜、
打ち上げ花火のような怒濤《どとう》の
ファイナルコンサートが
岩でできたコンサート
ホールの中で行われていた。
入った瞬間の熱気、
響き渡る音楽
地面を踏み鳴らす音
ぶわっ
その光景はまるで…
音楽の
サウナだ…

ステージライトと
会場いっぱいの熱気の中…
私はなんだかもう
どうでもよくなった。
わなな
私の中で今まで
閉じ込められていた
気持ちがいっせいに
湧き上がった。
フォークダンスで
感じた気持ちも
この数日間、
別に誰も誰のことも
気にしていない
という実感も
いつの間にこんなに
心を閉じていたんだろう
という悔しさも
そうさせた自分や
出来事たちへの苛立ちも、
全てが熱気とともに
もくもくと蒸気になって
そして、
私の心の殻が開いた。
完全に蒸し上がった。
ぱか…
はわわ…
ボンゴレ…
ビアンコ…

コンサートの終わり、久々に大きな拍手をした。歓声も上げた。

今日までは、それすら「参加してすみません」と思ってできなかった。

北欧音楽会社時代、担当コンサートではアーティストに聞こえるように、誰よりも大きな大きな拍手をした。

盛り上がってるよ!!!

よかったよ!!!

届け…!!!!

ぱちちち
ぱちち
それは私にとっての小さな貢献だった。

当時のように大きな拍手ができた日…

私はようやく自分の殻を出てこの場を一緒に作り上げるコミュニティの一部になれた気がした。

村でのホームステイとDM

フェスティバル中は、近隣に住む2つのファミリーの家にお世話になった。ホームステイプログラムに申し込む時には、会場からの距離・借りたい場所のタイプ（室内／庭）・部屋のタイプ（個室かどうか）などの希望を伝えることができる。スタッフからの返事には、マッチングしたファミリーの家の情報と共に「猫がいる家庭です」と記載があり、ますます嬉しくなった。

ファミリーには事前に到着時間をお知らせし、到着時間には、ホストが家の前で出迎えてくれた。お世話になった2つのファミリーとも素敵な一軒家。昨年もホストを務めたそうだ。家の中には他のゲストもいるので、朝食の時に「どこから来たの?」と会話をした。

朝食付きを選んだら、ホストが手作りのポリッジやサンドイッチを用意してくれた。

村で採れたイチゴをごちそうしてくれた。

最終日の翌日、ホストマザーが「同じ家の中に、もう一人日本人がいたのよ。彼は早朝に帰ってしまったけど、会話できた？」と聞いてくれた。なんと、その人は10年以上前に私が北欧音楽会社に勤めている時からの知り合いだった。フェスで似た横顔を見かけたのに、話しかけられずにいた。外出時間が違うため家の中で顔を合わせることはなかったけれど、まさか同じ屋根の下で過ごしていたなんて。

「私がフェスの1日目から心を開いて楽しめていたら、この偶然を家の中で一緒に驚くことができたのに」と後悔したけれど、村を後にしてヘルシンキ行きの電車を待つ間に、その人にメッセージを送った。こうして翌日にはヘルシンキで再会してランチを食べ、気づけば3時間話しっぱなしだった。心を閉ざして出遅れてしまったあいさつも、遅すぎることはないと感じられた出来事だった。

イベント出展
初めてフィンランドのイベントで自分の本を売る日がやって来た。
ガラ
ガラ
楽しみすぎて全然眠れなかった…！
新しくできたフィンランドの漫画家友達と一緒に出展。
値フダ作ってきた！
ステキ!!
設営始めよ〜！
イベントは3日間。毎日ブースに立って対面で本を売る…
ドキ
ドキ
立ってるだけでキンチョーする
私たちがいるから大丈夫だよ！

すると…
あなた!!
あなたはフィンランドで
もっと本を出すべきよ!!
…と、一人のフィンランド人
女性がブースにやってきた。
彼女は同じく出展者の
アーティストで、私の本を
すでに読んでくれていて…
すごく
面白いから!!
わ〜〜〜ッ
ありがとう
ございますっ
わわわわ
突然のことに驚きながら
お礼を伝えると
違うッ…
私の言葉を、
お世辞だと
受け取らないで
私は本当に可能性が
あると思ってるの

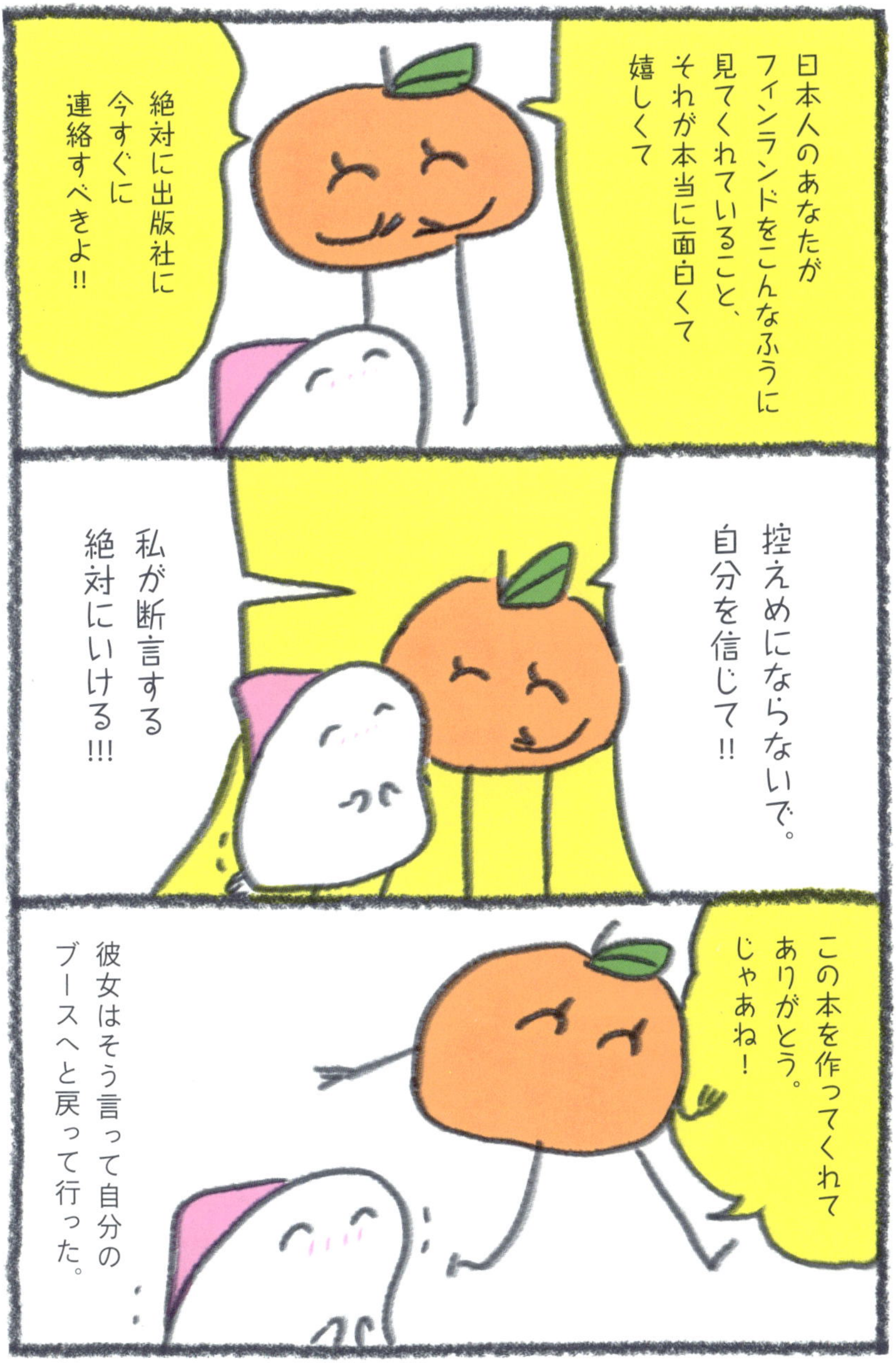
日本人のあなたがフィンランドをこんなふうに見てくれていること、それが本当に面白くて嬉しくて
絶対に出版社に今すぐに連絡すべきよ!!

控えめにならないで。自分を信じて!!

私が断言する絶対にいける!!!

この本を作ってくれてありがとう。じゃあね!

彼女はそう言って自分のブースへと戻って行った。

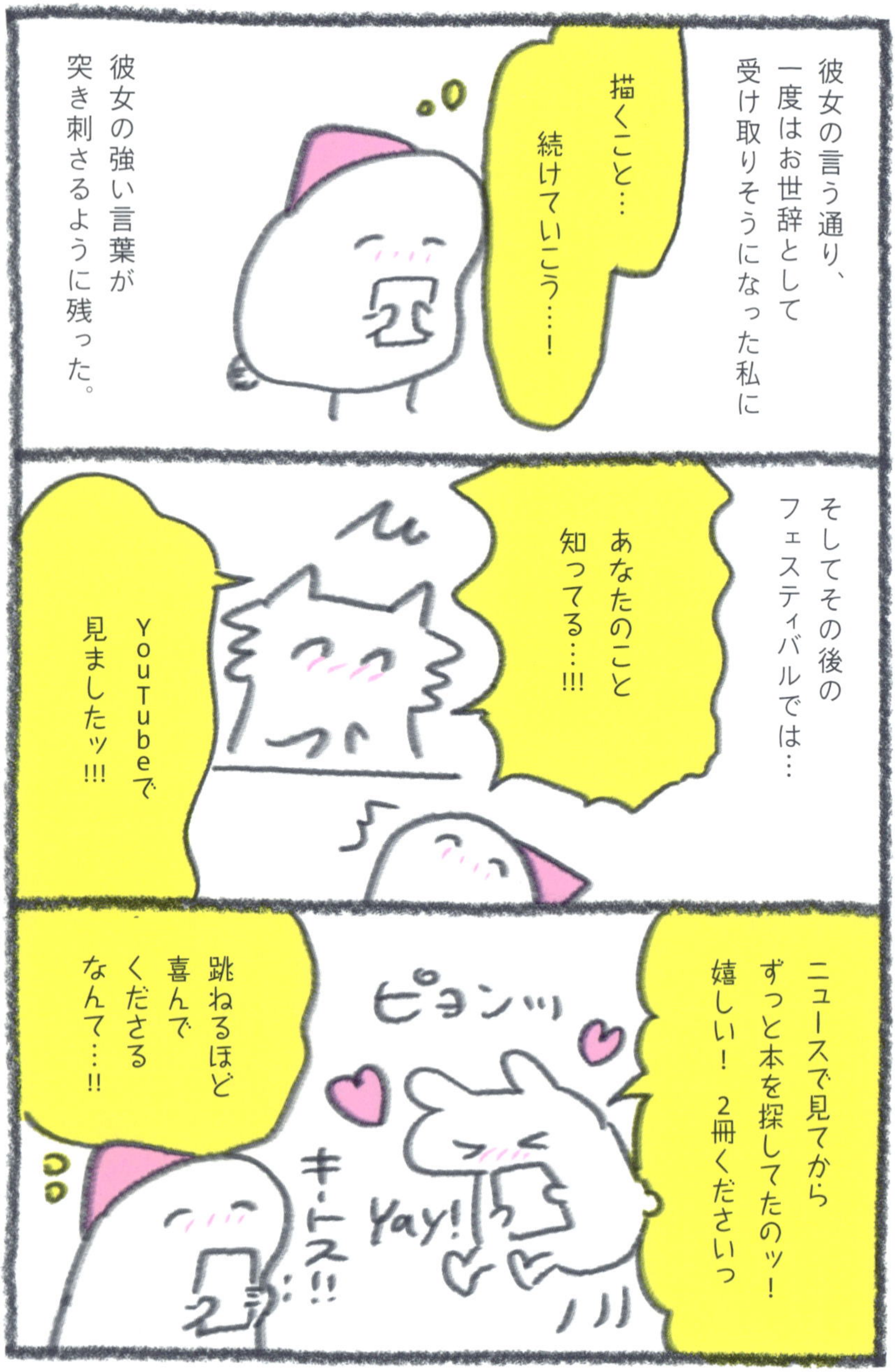
彼女の言う通り、一度はお世辞として受け取りそうになった私に
描くこと…続けていこう…！
彼女の強い言葉が突き刺さるように残った。
そしてその後のフェスティバルでは…
あなたのこと知ってる…!!!
YouTubeで見ましたッ!!!
ニュースで見てからずっと本を探してたのッ！嬉しい！２冊くださいっ
ピョンッ
Yay!
キ・トス!!
跳ねるほど喜んでくださるなんて…!!

連日多くの人が本を手に取ってくれて…

昨日1巻を読んだらおもしろくて…今日は2巻を買いに来ました
コレ下さいっ
Really…!?

イベント最終日、はじめて刷ったフィンランド語の本が、すべて完売した。

カラッ
ほ…本当に…!?

一人で描いているときは分からないけれど…

SNSもYouTubeも…見てくれてる人いたッ…!!

届いてたんだ…!

オメデトウ!!

気づかないうちに、この土地にじんわりとできつつあるつながりを実感できた一日だった。

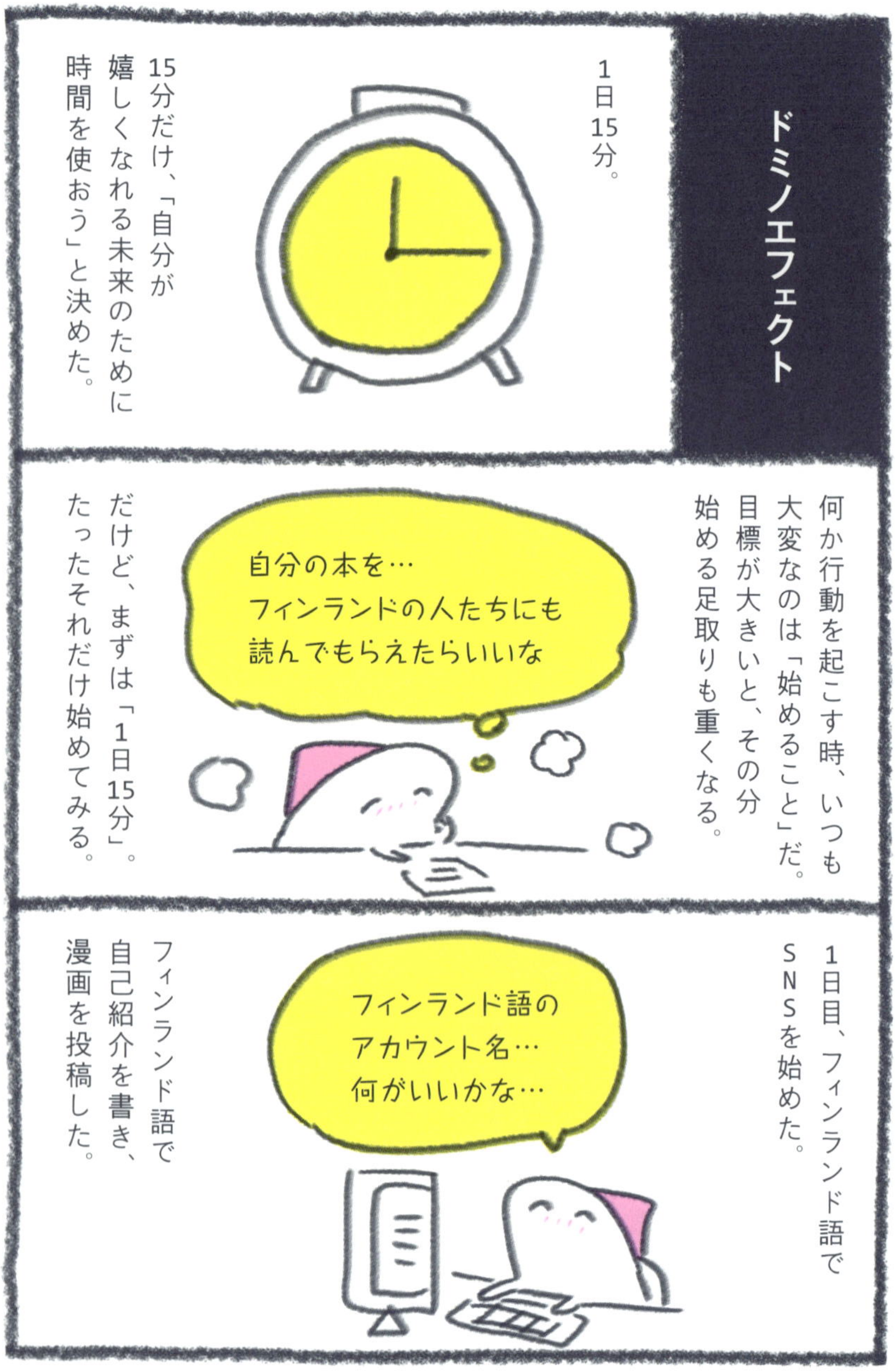
ドミノエフェクト
1日15分。

15分だけ、「自分が嬉しくなれる未来のために時間を使おう」と決めた。

何か行動を起こす時、いつも大変なのは「始めること」だ。目標が大きいと、その分始める足取りも重くなる。

自分の本を…フィンランドの人たちにも読んでもらえたらいいな
だけど、まずは「1日15分」。たったそれだけ始めてみる。

1日目、フィンランド語でSNSを始めた。

フィンランド語のアカウント名…何がいいかな…

フィンランド語で自己紹介を書き、漫画を投稿した。

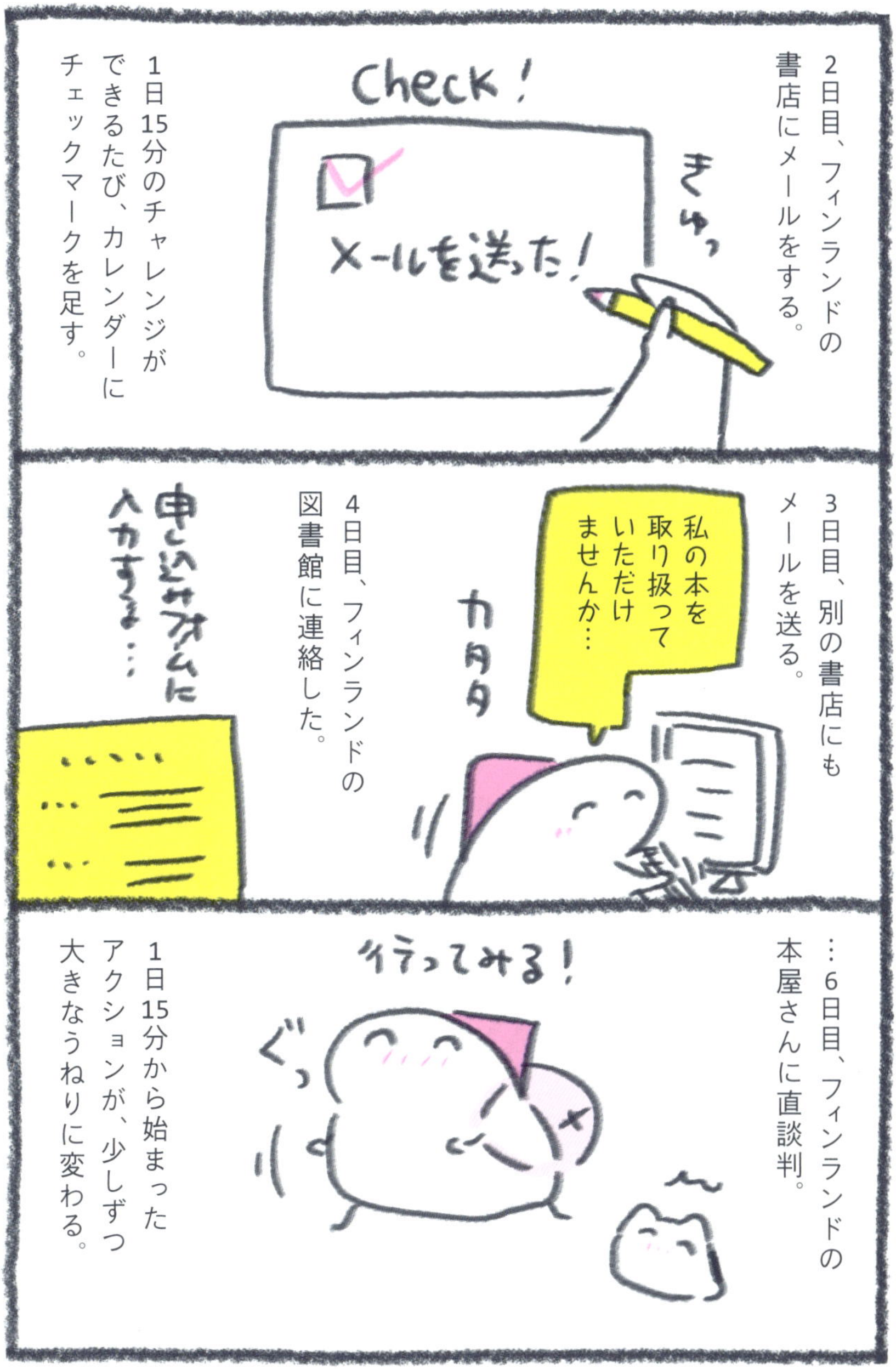
2日目、フィンランドの書店にメールをする。
Check!
きゅっ
メールを送った!
1日15分のチャレンジができるたび、カレンダーにチェックマークを足す。
3日目、別の書店にもメールを送る。
私の本を取り扱っていただけませんか…
カタカタ
4日目、フィンランドの図書館に連絡した。
申し込みフォームに入力する…
…6日目、フィンランドの本屋さんに直談判。
行ってみる!
ぐっ
1日15分から始まったアクションが、少しずつ大きなうねりに変わる。

23日目、YouTubeチャンネルを始めてフィンランド語の字幕を付ける。
ちょっと大変だけど…もしかしたら、フィンランドの人も見てくれるかも！
カタタ
持ち込み用ポートフォリオを作成した
フィンランド語レッスン申し込み
フィンランド語で1P漫画を描いた
アート大学に申し込みをする
イベント出店、周りへのご挨拶
本屋さんにアドバイスを聞きに行った
41日目、フィンランドのコミックアワードに作品を応募する。
チカ、年に1度のコミックアワード応募してみなよ！
コミュニティ主さん
今日調べてやってみます！

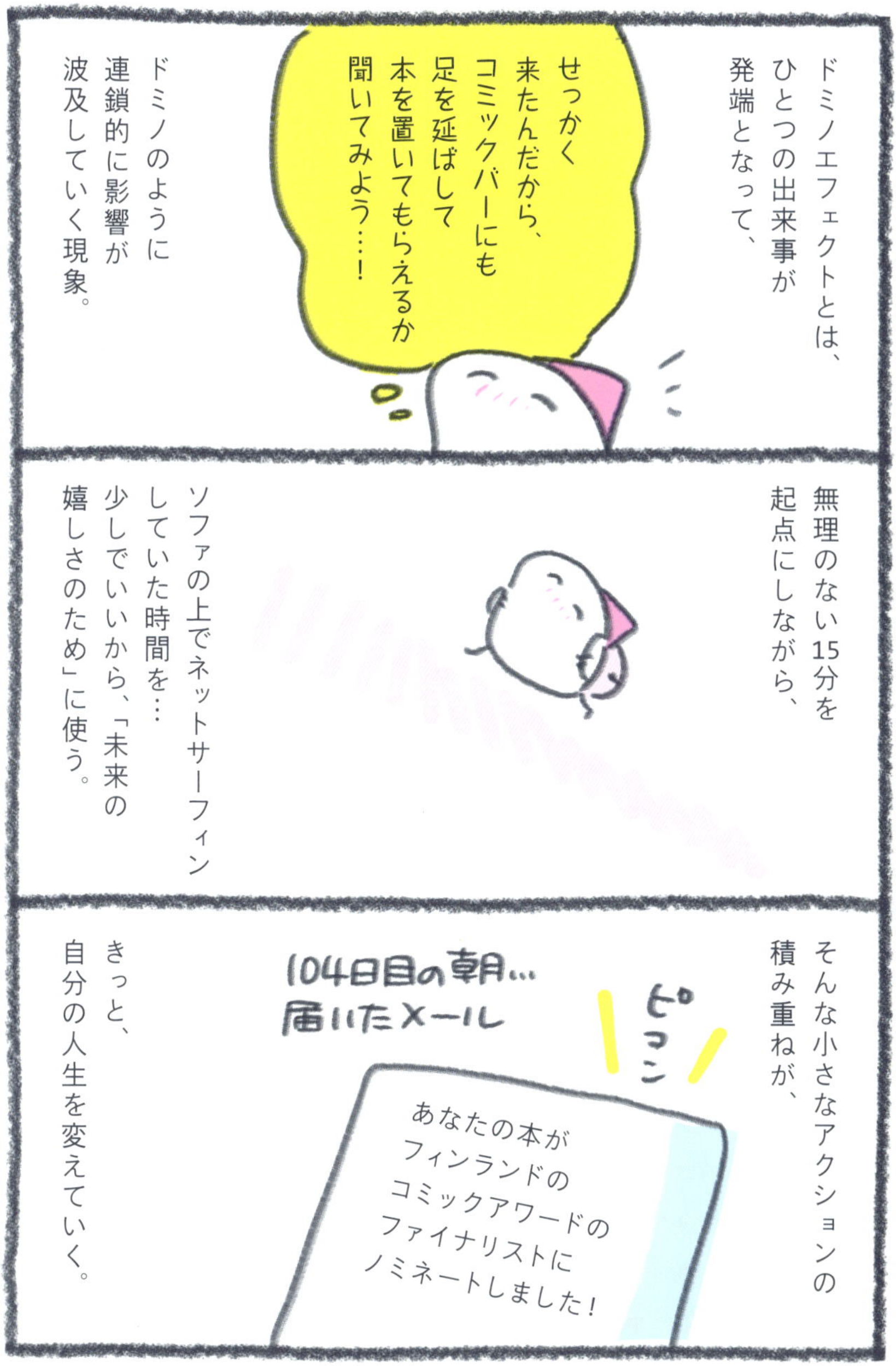
ドミノエフェクトとは、
ひとつの出来事が
発端となって、
せっかく
来たんだから、
コミックバーにも
足を延ばして
本を置いてもらえるか
聞いてみよう…！
ドミノのように
連鎖的に影響が
波及していく現象。
無理のない15分を
起点にしながら、
ソファの上でネットサーフィン
していた時間を…
少しでいいから、「未来の
嬉しさのため」に使う。
そんな小さなアクションの
積み重ねが、
104日目の朝…
届いたメール
ピコン
あなたの本が
フィンランドの
コミックアワードの
ファイナリストに
ノミネートしました！
きっと、
自分の人生を変えていく。

1年後の景色
今日はコミックイベントの日。
抹茶ドーナツ5つ下さい!
1年前にボランティアスタッフとして参加したイベントだ。
残念ながら私は落選し、テーブル出展はないけれど…
みんな夜まで大変だろうから…
お気に入りのもちもちドーナツ!!
出展する仲間たちへの差し入れドーナツを抱え1年ぶりの会場へ向かう。
会場に入ると…
あっ!!
チカさん!
漫画のフィンランド語訳でお世話になった翻訳者さんに再会!

ついに今日ですね。コミックアワードの授賞式
はいっ！
今年のイベントは、少し特別だ。
ドミノエフェクト41日目、仲間に背中を押されて応募したコミックアワードで
2024 finalistis
Suomi-friikin päiväkirja
Chika
なんとフィンランド語版『北欧こじらせ日記』が最終候補3作のうちのひとつに選ばれた。
今日このイベントで、その授賞式が行われる。
ノミネートされた3作品はこちらです。
第2位の作品は…

彼女の目を通して
映し出された
フィンランドは、
私たちが
この地を愛する
理由を再確認
させてくれました
一年前…孤独の中で
辿り着いたこの場所で
私は今日、
自分の名前を
呼んでもらえた。
チカ!

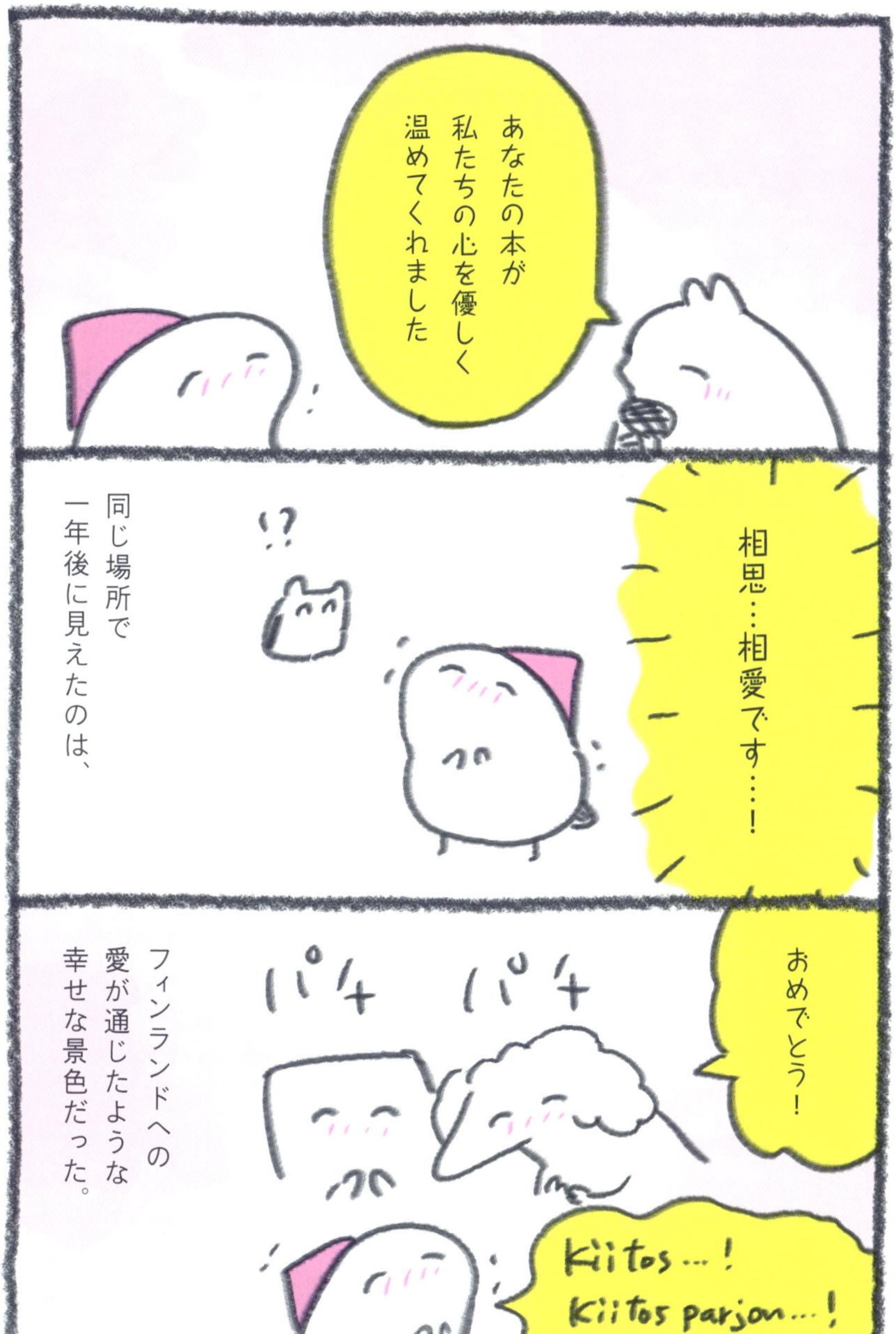
あなたの本が
私たちの心を優しく
温めてくれました
相思…相愛です…！
同じ場所で
一年後に見えたのは、
パチ パチ
おめでとう！
フィンランドへの
愛が通じたような
幸せな景色だった。
Kiitos…！
Kiitos parjon…！

私を私にしていたもの
チカちゃん〜〜!! おめでとう!
ラズベリーさんッ ありがとう…!!
ててっ
みんな夜まで大変でしょ…! もちもちのドーナツ食べて!
突然のドーナツ配り!
え!? ひゃ〜〜!!
ドドド
好きな人たちのお腹の心配するのすごく日本人ぽいね…
あっ! チカさん!
わっ! 本屋さんッ
その後もイベントではこの一年で出会えた人達との再会が続き…

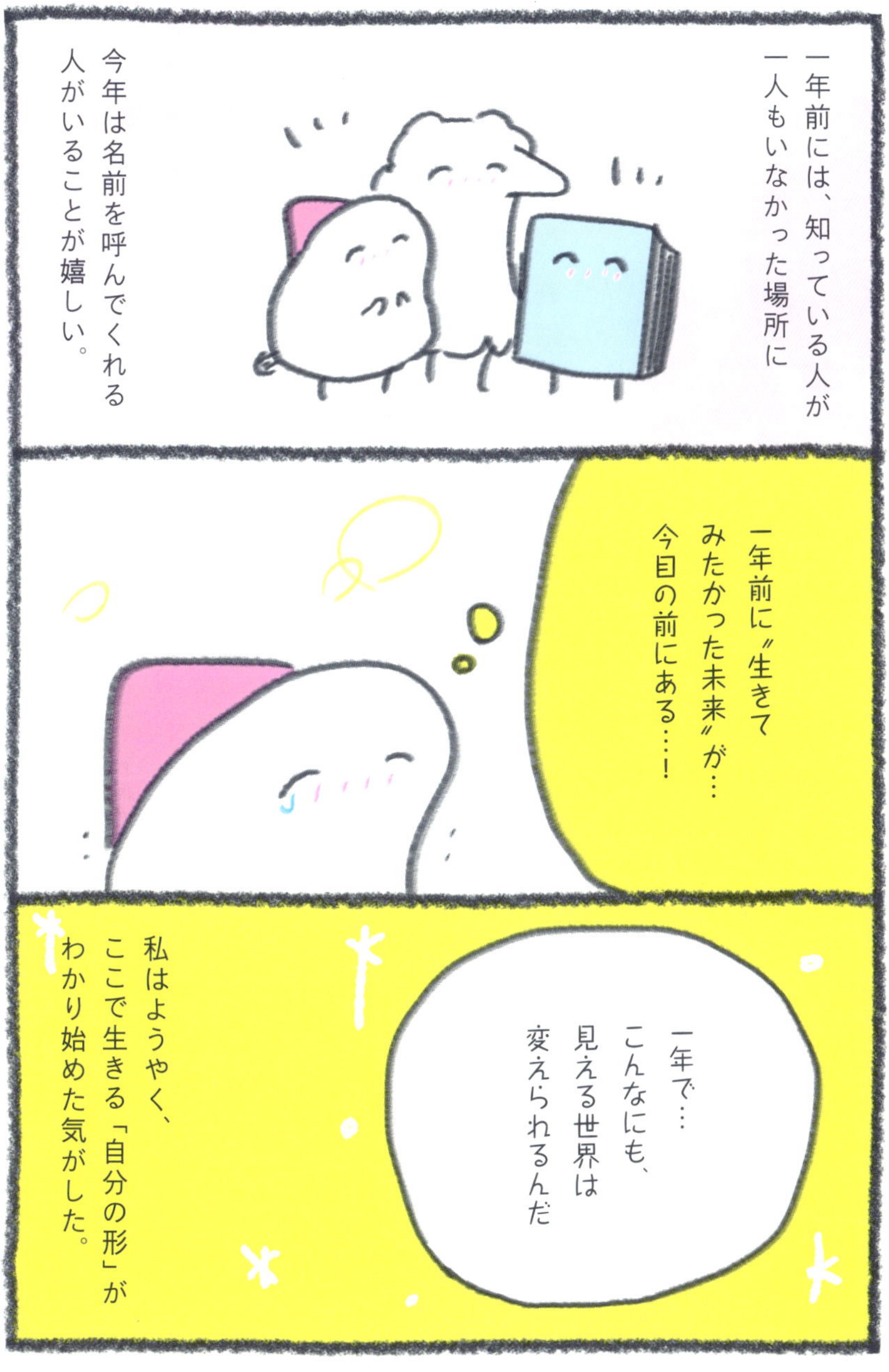
一年前には、知っている人が
一人もいなかった場所に
今年は名前を呼んでくれる
人がいることが嬉しい。
一年前に〃生きて
みたかった未来〃が…
今目の前にある…！
一年で…
こんなにも、
見える世界は
変えられるんだ
私はようやく、
ここで生きる「自分の形」が
わかり始めた気がした。

自分の周りにいる
「家族や友達」
自分のままでいられる
「コミュニティ」
社会との接点としての
「仕事」
生活の拠点となる
「部屋」
自分の考えを
自分らしく伝える
「言葉」…

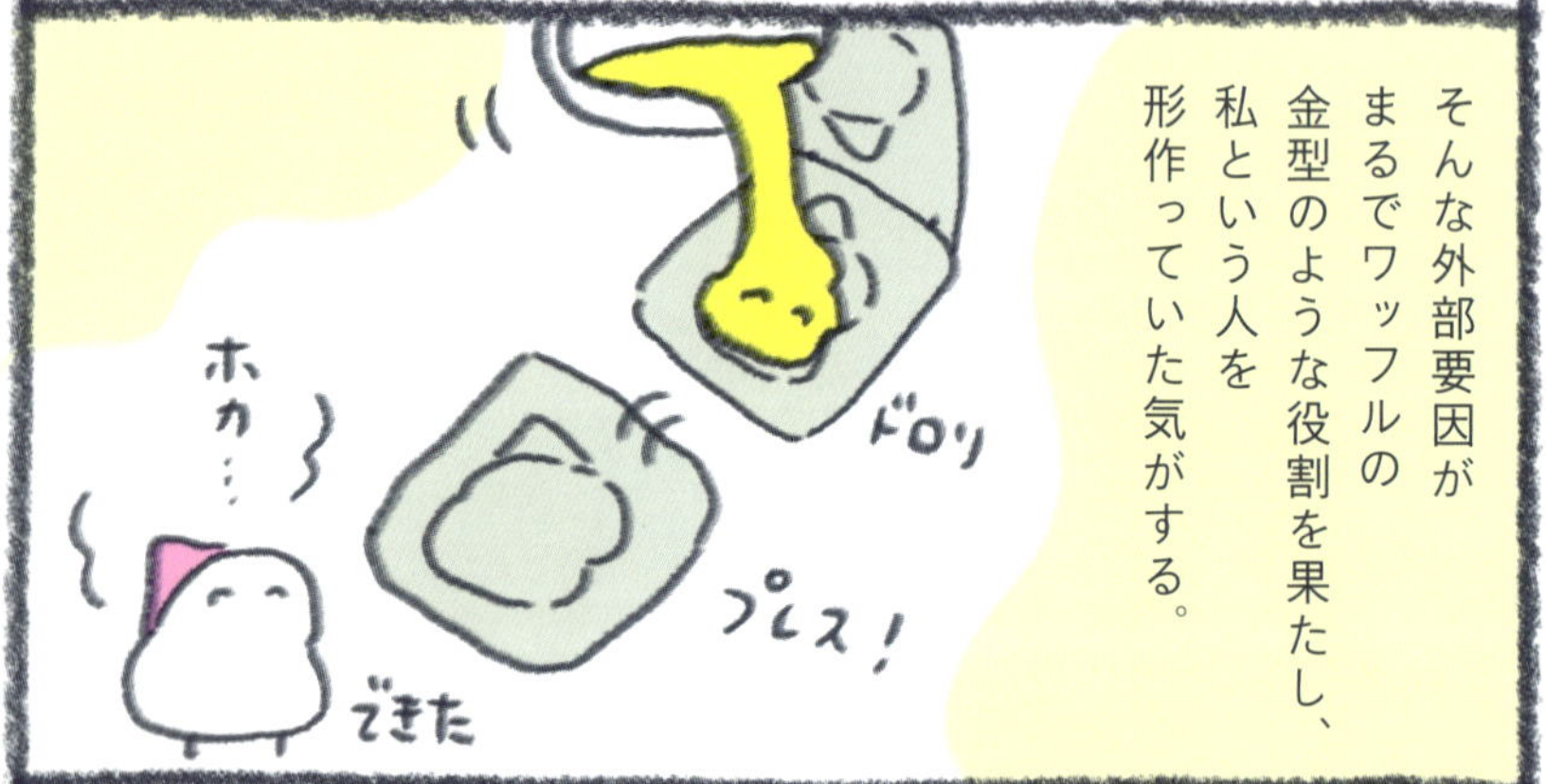
そんな外部要因が
まるでワッフルの
金型のような役割を果たし、
私という人を
形作っていた気がする。
ドロリ
プレス！
ホカ…
できた

「私」を作る要素は、
自分自身の身体だけ
じゃないのかもしれない。

〃一年後…私は誰と、どんな場所で、どんな話ができたら泣けるほど嬉しいだろう〃

きっとこの先も、そんなシーンを思い描くことから未来の自分が形作られていく。

日本では当たり前にあった「自分を自分たらしめていた」大切な要素たちに気づき始めた今…

そのひとつひとつに光を当てて、今いる場所で少しずつ集めていこう。

たとえ環境が変わって自分が自分でなくなったように感じても…

今ここから、「自分らしい型」を作り直すことができるのだから。

簡単に会えなくなった
大切な人たちは
「私が誰であるか」を

そして、
新しく出会う人たちは
「私がどう在りたいか」を
思い出させてくれる。

その両方を
大切に抱えながら、
生きたい未来を
毎日少しづつ
形作っていこう。

この場所でも、
私が私であるために。

おわりに

「孤独という名のランタンを頼りに、仲間を探す旅に出よう」
私のフィンランド2年目は、まさにそんな旅路になった。

言葉、人間関係、文化や生活…
これまでの当たり前が失われることによって
普段は気にならない些細なことに落ち込んでしまったり、
ないものにばかり目が向いて大事なものに気づけなくなったり…
そんな過程を辿るのは、誰にとっても自然なことらしい。

けれどそんな時、私の助けになったのは
他でもない「新しい孤独」の実感だった。
思い返せば、これまでの人生でも「孤独感」がきっかけで
新しい世界への扉を開いたことが何度もあった。

フィンランド好きな人たちと出会いたくて始めたピクニック、
夢が叶うのか不安な中で出会ったお寿司の先輩、
同じ仕事の悩みを持つ仲間との出会い…

「孤独」な気持ちは、「好き」と同じくらい人との出会いを紡ぎ出す。

その先で迎える仲間との出会いは
「ああ、この気持ちを抱えていたのは、私だけじゃなかったんだ」
そんな共感と安堵感につながっていく。

当たり前をなくしてしまった世界で抱える「孤独」は
これからの在りたい自分の輪郭を照らす光であり、
今どこかで誰かが探し求めている「共感」かもしれない。

だからこれから先も、新しい孤独から目を背けずに
1年後の景色を照らすランタンとして大切にしていきたい。
この広い世界のどこかに、きっと同じ孤独を抱える仲間がいるはずだ。

この本を読んで下さった方にとって、最近感じた「新しい孤独」は何で
その明かりを頼りに、1年後どんな景色を見てみたいか…
そんな話も、いつかできると嬉しいです。

新しい旅路も共に見守ってくださり、本当にありがとうございました。
この道に続く次の山頂からの景色も、一緒に楽しめることを願って。
Kiitos & moi moi!

週末北欧部　chika

週末北欧部　chika

北欧好きをこじらせてしまった元会社員。大阪府出身。フィンランドが好き過ぎて13年以上通い続け、ディープな楽しみ方を味わいつくした自他ともに認めるフィンランドオタク。会社員生活のかたわら寿司職人の修業を行い、2022年4月より寿司職人として移住の夢を叶えたが、職場の倒産により個人事業主に転身。モットーは「とりあえずやってみる」。そんなこじらせライフをSNSアカウント『週末北欧部』にて発信中。好きなものは水辺、ねこ、酒、1人旅。著書に『北欧こじらせ日記』『北欧こじらせ日記 移住決定編』『北欧こじらせ日記 フィンランド1年生編』（世界文化社）、『マイフィンランドルーティン100』（ワニブックス、）『かもめニッキ』『世界ともだち部』（講談社）などがある。

Twitter　@cicasca
Instagram　@cicasca
YouTube　@cicasca
Blog　hokuobu.com

北欧こじらせ日記　シリーズ既刊

北欧こじらせ日記

「あの日フィンランドに出会っていなかったら、きっと私の人生は、全然別のものになっていたと思う」

北欧に一目惚れしてから、少しでも好きなものに関わって生きたいと願って経た就職、失業、転職、中国勤務、カフェ修業…移住の夢を見つけるまでの、寄り道だらけの12年間をつづったシリーズ第1弾。

北欧こじらせ日記　移住決定編

フィンランド移住のために、会社員生活のかたわら寿司職人の修業を開始。夢を追う道で出会った人々や小さな決心の数々。そして13年越しに叶えた夢の先に待っていた景色とは…フィンランドで寿司シェフデビューを果たす前後の日々をつづった、シリーズ第2弾。

北欧こじらせ日記　フィンランド1年生編

移住後に改めて知ったフィンランドの魅力や仕事観、職場での新しい仲間たちとの出会い。変化の激しい1年目で、まさかの職場が倒産⁉ 失業で再び、これからの生き方、本当に大切にしたいことに向き合ったことで、少しずつ自分らしい道を見つけていく、シリーズ第3弾。

写真　週末北欧部chika
デザイン　芝 晶子&宮脇菜緒（文京図案室）
校正　株式会社円水社
販売　丸山哲治・木村明希子
PR　石井洋子
製作　高木 正・黒澤金次
編集協力　石丸 光
編集　杉山亜沙美

本書は手をはなしても本が閉じないようにするため、
背表紙がありません。ゆったりとお楽しみください。

北《ほく》欧《おう》こじらせ日《にっ》記《き》 フィンランド起業《きぎょう》編《へん》

発行日　2024年11月25日　初版第1刷発行
2025年1月30日　第2刷発行
著者　週末北欧部chika
発行者　岸 達朗
発行　株式会社世界文化社
〒102-8187
東京都千代田区九段北4-2-29
電話　編集部　03-3262-5445
販売部　03-3262-5115
印刷・製本　中央精版印刷株式会社

ISBN978-4-418-24504-8